índice

MUJER

activa tu

FE

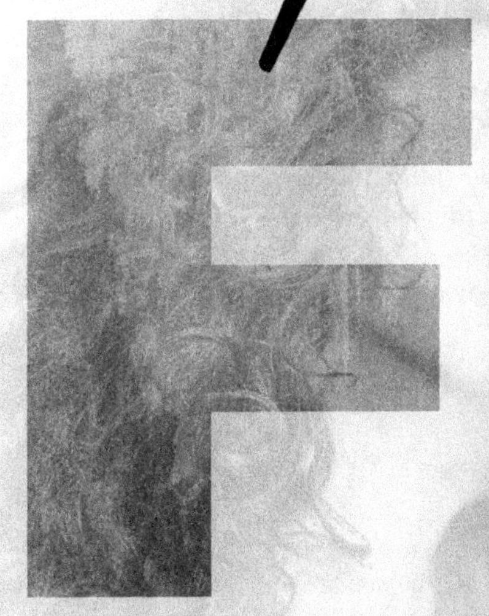

JESSICA HERNÁNDEZ

MUJER
ACTIVA TU FE

Jessica Hernández
134 Senate St.
Pawtucket RI 02861
Usa

ISBN: 9798684561849
Impreso en USA
© 2020 Jessica Hernandez
Categoría: Religión/General

Diseño Interior: **Reino Editorial**
info.editorialreino@gmail.com
+ 1 (956) 509 5558
Copyright @2020 Reino Editorial

info.editorialreino@gmail.com
Tel: +1 (956) 509 5558 
San Diego, California 91910 USA

 La misión de **Reino Editorial** consiste en proporcionar productos de calidad con integridad y excelencia, desde una perspectiva bíblica y confiable, que animen a las personas a conocer y servir a Jesucristo.

AGRADECIMIENTOS

Tengo más de mil razones para dar gracias a mi Creador amado Señor Jesucristo, por su gran misericordia y compasión para conmigo, por cada día darme la fuerza necesaria para emprender todos los deseos y anhelos que Él pone en mi corazón, agradezco a Dios por la vida y por haber hecho de mí la mujer que soy hoy; ya que entiendo que, si su amor y misericordia no me hubieran alcanzado de la manera en que lo hizo hoy, la historia hubiera sido completamente diferente.

Mis amadas tres hijas: Génesis, Alondra y Destiny Hernández; Gracias por creer en mí, por todo su apoyo y confianza para conmigo, son mis más grandes tesoros aquí en la tierra.

Mi amado esposo, consejero y Pastor David Hernández; gracias por tu amor incondicional, tus detalles para conmigo, por siempre tener palabras adecuadas hacia mi persona en los momentos más inoportunos e inciertos en mi vida y sobre todo por creer en mí.

Gracias mi amada familia, no sabíamos lo fuerte que éramos hasta que decidimos arriesgarnos.

Agradezco con todo mi corazón a la tía de mi esposo Gloria Pérez; ha estado en momentos muy inciertos en mi vida al llegar a los Estados Unidos, es como mi segunda madre; siempre que la he necesitado a dicho presente.

Gracias Titi por todo tu apoyo y sinceridad para conmigo y creer en mi como lo has hecho te amo.

La Iglesia a la cual tengo el gran privilegio de pastorear junto a mi amado esposo, Iglesia de Dios "Viviendo en fe", gracias por sus oraciones y cada uno de sus aportes en lo que se refiere a la expansión y crecimiento de la iglesia.

A mi amada Pastora Julia M. Feliz Gracias por sus palabras, por sus consejos, sinceridad y honestidad hacia mi persona, por ser ese canal que Dios usó para que yo aprendiera muchas cosas.

PRÓLOGO

Mujer, activa tu fe en las victorias y en las dificultades.

El libro que usted tiene en sus manos en este momento le ayudará a activar su fe a través de experiencias inspiradas de parte del depósito que Dios ha puesto en nuestra hermana, la Pastora Jessica Hernández; a la cual conozco ya hace un tiempo y en este transcurso estuvo bajo la congregación a la que pertenezco, aprendí a conocerla y amarla como una mujer de fe.

Vivimos juntas grandes manifestaciones de gloria y ricas bendiciones de parte del Señor, también momentos de tristeza, pérdidas y tribulaciones; en las que tuvimos que utilizar nuestra fe para permanecer en el Señor con una nueva visión y de esta visión surgió este maravilloso libro.

En ese tiempo juntas, la hermana Hernández tuvo la oportunidad de estudiar en el "Instituto Bíblico Asambleas de Dios", permaneció alrededor de siete años en la iglesia "Monte Sinaí", tiempo en el que tuve el privilegio de ser su pastora; fueron momentos gloriosos.

En aquel tiempo participó en el liderazgo de la iglesia;

como secretaria, diácono, ayudando a la sociedad de jóvenes y sociedad de niños.

La vi crecer en dedicación y separación para Dios; predicando la palabra y ayudando a capacitar líderes a través de las campañas de evangelización en las calles, culto en los hogares, vigilia, ayunos y oraciones; las cuales activaron su fe.

Las historias y testimonios de lo que allí vivió es un maravilloso material para cualquier libro, Dios me ha dado el privilegio de estar al lado de esta varona de Dios y aún en este momento, Dios le ha concedido ser una gran sierva para aquellos que la necesiten; está pastoreando una congregación junto a su esposo y familia, en la cual es desarrollada su fe.

Puedo dar fe como testigo ocular, que lo que ella escribe en estas páginas es el resultado de tratos particulares de Dios y experiencias vividas que validan el contenido de este excelente libro.

Léelo con calma y llénate de fe y esperanza.

Reverenda Julia M. Feliz.

PREFACIO

Desde hace un largo período de tiempo, Dios puso en mí este deseo ferviente de escribir un libro y poder llegar a aquellas mujeres que tal vez estén pasando por momentos como los que yo he pasado y ser de bendición a través de mi escrito.

Es algo que nació en mi corazón y estoy segura de que viene totalmente del corazón de nuestro amado Señor Jesucristo para fortalecerte y aumentar tu fe, y decirte que si crees, verás la gloria de Dios manifiesta en tu vida, el poder ver el cumplimiento en esta temporada específica me llena de mucho regocijo.

Entiendo que el haber sido una sobreviviente y al haber activado la fe en momentos en los que me sentía morir; fue donde pude ver cómo Dios estuvo conmigo en cada uno de esos momentos, y darme la victoria el día de hoy me certifica para decirte que "al que cree todo es posible".

De aquí en adelante nadie me cause molestias, porque yo llevo en mi cuerpo las marcas de Jesús.

(Gálatas 6:17 RVI)

Por eso dedico este libro a todas esas Mujeres de Reino que han sido llamadas con un propósito especifico; que luchan día a día para alcanzar esa palabra profética que ha sido depositada en sus vidas a través del Espíritu Santo, Mujeres que tal vez han perdido la fe y están viendo cada uno de sus deseos y anhelos disminuirse lentamente.

Para ti mujer, sólo tienes que confiar y aferrarte del manto de Dios y te aseguro que verás Su gloria sobre tu vida y los tuyos.

Para ti, que tal vez no sabes cómo comenzar a moverte bajo ese manto profético que Dios hablo para tu vida, para ti que tienes fe; pero no ha sido activada aun en ti.

Para ti que tal vez no conoces lo que Dios quiere contigo, Para ti mujer de Dios; mujer de Reino, este libro es para ti.

Se que será de bendición a tu vida.

INTRODUCCIÓN

En este libro comparto con ustedes gran parte de mi vida, mis logros, desafíos, así como algunas de mis tristezas más profundas.

Decidí no aplazar más este ardor en mi interior, de expresarle a todas y cada una de las personas que tienen la oportunidad de tomar este escrito en sus manos, así como tú, que estás leyendo estas líneas en este momento, te digo ahora, que si tan sólo crees; verás la gloria de Dios sobre tu vida, sobre tu casa, sobre los tuyos, que si le eres fiel a Dios; Él siempre te será fiel, si le obedeces y guardas el pacto; serás como árbol plantado junto a corrientes de aguas que dará su fruto a su tiempo y su hoja no caerá.

Deseo decirte que este caminar en Cristo no es nada fácil, pero no ha sido diseñado para personas que en los momentos inciertos de su vida optan por retroceder y echar a perder todo lo que se escribió en los cielos sobre ellos.

Tan sólo cree, confía, ama a tu Dios con todo tu corazón y con todas tus fuerzas, despójate de ti, desconéctate de la tierra de este mundo y conéctate a tu Padre, a lo celestial te aseguro que cuando comiences a hacerlo vas a ver todo cambiando a tu favor, vas a comenzar a sentirte diferente.

Dios envió a su hijo a la tierra a marcar la diferencia, a mostrarnos que si nos mantenemos conectados se pueden lograr todos los deseos de nuestro corazón; siempre y cuando hayan sido filtrados por el Espíritu y estén alineados al propósito de Él para con nosotros.

"Realmente necesitamos más de Dios y menos de nosotras, menguar para que Él crezca en nosotras".

Les escribo basándome en una realidad y más que eso, me baso en vivencias; que son aquellas que nos marcan para toda la vida y nos califican para testificar con autoridad y confianza de que lo que decimos, ha sido aprobado en los cielos; para que se haga evidente aquí en la tierra, entendiendo que "todo" obra para bien, no importando la situación que estés atravesando y las que en este caminar vas a enfrentar.

Te escribo con el corazón en la mano, pidiéndole a Dios que te dé el entendimiento y puedas descifrar y entender los códigos que Dios quiere para tu vida, mientras lees cada capítulo de este libro, Dios es y será siempre nuestra esperanza.

La palabra dice lo siguiente:

Pero yo he puesto mi esperanza en el Señor
yo espero en el Dios de mi salvación. ¡Mi
Dios me escuchará!

(Miqueas 7:7 NVI)

Poner la esperanza en Dios, debiera ser una base importante en nosotras como mujeres de fe y de propósito, el aprender a esperar pacientemente es una parte esencial. Le pido a Dios que, al culminar de leer estos escritos, puedas obtener una mentalidad diferente de lo que Dios quiere para tu vida y de los pasos que debes seguir para ver cada una de las promesas que Él tiene para ti y que tu fe se active a tal grado, que cuando el adversario te vea; ¡salga huyendo!

La palabra de Dios dice lo siguiente:

He aquí os doy potestad de hollar serpientes y escorpiones, y sobre toda fuerza del enemigo, y nada os dañará.

(Lucas 10:19 RVI)

01

¿Qué es la fe?

1 Es, pues, la fe la certeza de lo que se espera, la convicción de lo que no se ve. 2 Porque por ella alcanzaron buen testimonio los antiguos. 3 Por la fe entendemos haber sido constituido el universo por la palabra de Dios, de modo que lo que se ve fue hecho de lo que no se veía.

(Hebreos 11:1-3 RV 1960)

Es pues la fe la certeza de lo que se espera la convicción de lo que no se ve, Dios se mueve en su naturaleza; "lo que es sobrenatural para nosotros, es natural para Dios", con esto deseo dejarte muy claro, que aquello que ante tus ojos no tiene sentido.

Dios le da sentido, lo que para tu vista y raciocinio es imposible para Dios es posible, aunque no ves tienes que creer.

Antes de querer recibir algún milagro en tu vida, debes anhelar una porción de fe; ya que sin fe es imposible agradar a Dios, creer que Dios es real y que Él siempre quiere lo mejor para nosotras, la fe es gradual; se va incrementando entre más te acerques a Dios y le permitas que Él tome absoluto control de tu vida.

Ciertamente creer en Dios no es nada fácil, ya que somos humanos y la duda es un arma mortal que trata siempre de detenernos y apagar el fuego del Espíritu Santo en nosotras, como mujeres de Reino siempre debemos de tomar en cuenta que si Dios nos ha escogido y separado, es por qué quiere bendecirnos y llevarnos a otros niveles donde podamos experimentar lo grande y milagroso que Él es y lo capaces que somos nosotras de alcanzar todos los sueños que Él ha depositado en nuestros corazones; si tan sólo tenemos fe en Él y ponemos nuestra plena confianza en sus manos.

Todo lo que le pidamos al Padre debe ser alineado a su voluntad con nosotros, no podemos agotar nuestra energía pidiéndole algo que realmente no está dentro de Su voluntad para nuestras vidas.

La palabra de Dios dice:

17 Por tanto, no seáis insensatos, sino entendidos de cuál sea la voluntad del Señor. 18 No os embriaguéis con vino, en lo cual hay disolución; antes bien sed llenos del Espíritu,
19 hablando entre vosotros con salmos, con himnos y cánticos espirituales, cantando y alabando al Señor en vuestros corazones; 20 dando siempre gracias por todo al Dios y Padre, en el nombre de nuestro Señor Jesucristo.

(Efesios 5:17-20)

Leyendo este pasaje bíblico, podemos denotar que el Apóstol Pablo le hace una invitación a la Iglesia de Efesios a que se acerquen más a la presencia de Dios y se aparten de todo aquello que el mundo puede ofrecer para distraerlos de lo que debiéramos emprender en Cristo Jesús, Dios nuestro.

Mientras más nos conectamos a Dios, más sensibles somos a su presencia, más capaces de escuchar su voz y ser obedientes a su llamado, sólo buscando Su presencia y empapándonos de las escrituras vamos a conocer el destino que Dios tiene trasado para tu vida.

Como ejemplo de esto, les puedo decir; cuando usted tiene un novio busca la manera de acercarse a él, dedicarle el tiempo y conocer lo que le agrada y lo que no es de su agrado, ya que su mayor interés es establecer una relación de largo plazo con dicha persona, así es como el Padre, el Hijo y el Espíritu Santo espera que hagamos.

La presencia de Dios en nosotros es un gran regalo que el Padre nos ha concedido, y lamento tener que decir que hay muchas personas que conocen al Padre; pero no viven conforme a su voluntad, saben del Espíritu Santo, han sentido al Espíritu Santo; pero no se sujetan a Él.

En lo personal amo la presencia de Dios, amo sus caricias, la fortaleza que me brinda en los momentos de debilidad; que en muchas ocasiones han llegado a mi vida, amo cuando me corrige y reprende fuerte; ya que entiendo que todavía Él tiene cuidado de mí y como dice la palabra:

"El padre que ama a su hijo, le reprende".

Muchas veces las reprensiones de Él van a ser difíciles de aceptar o entender, pero una vez que tú estableces esa relación con Él, te darás cuenta de que nuestro Padre Celestial siempre tiene una razón de ser de todas las cosas y desea lo mejor para nosotros, Él nos ama más de lo que nosotros mismos nos podamos amar.

Lamento tener que decir esto, pero tu enemigo y mi enemigo; el adversario, cree más de lo que podemos ser capaces que nosotras mismas, por tal razón es que nos hace la guerra y trata de hacer que perdamos el verdadero enfoque de lo que son las buenas nuevas de Jehová sobre nuestras vidas.

"De creer en Dios; muchos creen, pero de confiar; no todos confían"

La palabra de Dios expresa lo siguiente:

"Este pueblo de labios me honra, pero su corazón está lejos de mí."

(Mateo 15:8)

Aquí Mateo escribe a un pueblo judío, los cuales no querían aceptar que el Mesías estaba muy cerca de ellos.

Así pasa en nuestras vidas; sabemos que Jesús está, pero no creemos que está tan cerca como para fortalecernos, capacitarnos y llevarnos a la claridad de todo ese océano de confusiones que día a día vienen a nuestras vidas.

Sabes que tu corazón está cerca de Dios, cuando te rindes por completo a Él, cuando le permites que sea el piloto conductor de tu vida, cuando obedeces lo que te habla sin ningún tipo de cuestionamiento y le dices: "Señor no entiendo, no veo; pero sólo porque tú me lo hablaste y me envías yo voy".

Sabes que tu corazón está cerca, cuando te despojas por completo de ti misma, de tus propios sueños y deseos; y le permites a Él que deposite sus sueños sobre ti.

"Sólo ten Fe, cree y confía, que sus planes para ti son más grandes que los tuyos".

Es tiempo de que nos apasionemos por Dios, cuando hay pasión; hay dedicación, compromiso, relación.

Todas estas cosas te llevan a un nivel de crecimiento, a experiencias personales que son las que te harán madurar y crecer en Cristo según vaya pasando el tiempo, la fe va aumentando, así como también nuestro nivel espiritual.

Todo esto acontece cuando hay consagración y dedicación a conocer su palabra y voluntad sobre nosotras, podría decir que una de las mayores claves es permanecer.

02

Él me escogió, aunque yo no entendía.

5 Antes que te formase en el vientre te conocí, y antes que nacieses te santifiqué, te di por profeta a las naciones. 6 Y yo dije: !!Ah! !!ah, Señor Jehová! He aquí, no sé hablar, porque soy niño. 7 Y me dijo Jehová: No digas: Soy un niño; porque a todo lo que te envíe irás tú, y dirás todo lo que te mande.

(Jeremías 1;5-7 RV 1960)

Dios no nos escogió "sólo por escogernos", Él no hace nada por hacer, todo lo que hace y permite tiene una razón de ser, Él es un Dios de planes y propósitos.

Todo lo que pasaste en tu niñez, juventud e incluso en tu adultez tiene un propósito. Por tal razón el enemigo quiere quitarte la vida y está detrás de ti intentando confundirte y tratando de estropear los planes que Dios ha determinado sobre tu vida.

Cuenta mi Madre que cuando me dio a luz; yo no respiraba, los doctores desesperados tratando de revivirme, y mi Madre del otro lado llorando angustiada; porque no escuchó a su niña llorar, luego de varios intentos lloré, mi Madre comenzó a llorar de alegría por que escuchó a su pequeña princesa primogénita. De inmediato ella supo que todo estaba bien.

Cuando eres marcado por Dios, siempre vas a pasar por momentos muy difíciles, pero está en ti si ante cada dificultad que enfrentes vas a inmovilizarte o vas a sacar lo mejor de eso.

Desde el vientre de mi Madre el enemigo siempre quiso matarme, marcarme y dañarme. Mi niñez no fue una vida nada de fácil; desde ingerir drogas, hasta llegar a la cárcel juvenil. "Pero cuando el Dios de propósito tiene planes designados para ti, Él hace lo que sea para marcarte y dejarte saber que hay esperanza".

Me acuerdo que a la edad de doce años siempre iba a la iglesia con una vecina, antes de eso nunca había tenido la oportunidad de ir a la iglesia; sólo me llevaron cuando era una bebé para ser bautizada; pero en la "Iglesia Católica"; en el instante que comencé a asistir con mi vecina; el deseo de ir a la Iglesia cada día se intensificaba, ya que, a tan corta edad, comencé a tener encuentros con el Espíritu Santo.

Aunque en mi núcleo familiar no tenía el apoyo espiritual que necesitaba, yo sentía que Dios quería hacer algo conmigo muy diferente a lo que en mi hogar crecía viendo.

A través del tiempo he aprendido, que no es de dónde vienes, no es el estatus económico que puedas tener, o tu nivel de estudios, ¡Nada de eso es suficiente cuando Dios tiene un plan para tu vida! Él sólo desea un corazón dispuesto que le permita a Él llevarte al lugar de destino que ha preparado para cada una de nosotras.

Aunque mi niñez fue muy difícil y dura, donde nunca supe lo que era sentarse a la mesa a cenar en familia; donde crecí sin una figura paterna. Eso no limitó a mi Dios a que yo tuviera la oportunidad de encontrarlo a una muy temprana edad, no lo limitó de librarme de la muerte en múltiples ocasiones.

14 Hermanos míos, ¿de qué aprovechará si alguno dice que tiene fe, y no tiene obras? ¿Podrá la fe salvarle? 15 Y si un hermano o una hermana están desnudos, y tienen necesidad del mantenimiento de cada día,

MUJER *activa tu* FE

*16 y alguno de vosotros les dice: Id en paz,
calentaos y saciaos, pero no les dais las
cosas que son necesarias para el cuerpo,
¿de qué aprovecha? 17 Así también la fe, si
no tiene obras, es muerta en sí misma.*

(Santiago 2:14-17)

Aquí el apóstol Santiago le habla a la iglesia, y en otras palabras le dice: "No puedes decir que crees en Dios y tienes fe; cuando no puedes hacer las cosas simples que la palabra exhorta a todos los que la leen".

Entonces podemos comenzar practicando la fe, teniendo misericordia con aquel que no tiene el conocimiento que tal vez usted y yo podamos tener, saciando la necesidad de otros antes que la nuestra, tener fe no es fácil y muchas veces va a doler, ¡Si! "doler", por qué vas a tener que tomar decisiones basadas en una palabra que Dios te dio a ti y nadie más ve, nadie va a entender lo que Dios está demandando de ti para elevarte a otros niveles, pasarás por el señalamiento entre otras cosas, pero aun así debes de continuar por que este asunto es entre tú y Dios.

Si no das un paso adelante, siempre permanecerás en el mismo lugar, la fe requiere acción ¡MUÉVETE!

Dios me escogió, ¡WOW! Que gran privilegio, tú que me lees repite conmigo: ¡DIOS ME ESCOGIÓ!

Si, te escogió y por tal razón tienes más que mil razones para agradecerle y serle fiel, obedeciéndolo en todo lo que pide de ti.

En mi caso muy personal no me creía capaz, una mujer que su niñez fue tan dura y difícil; y ante la sociedad no era nadie, una mujer que no tenía los recursos necesarios para estudiar una carrera universitaria, una mujer que no tenía la mejor educación ¡WOW!, pero a Dios le plació poner su mirada en mí, tocarme con Su Santa Presencia y a través de ella; dejarme saber que había algo más para mí, sellarme con Su Espíritu Santo, ¡Que privilegio!

No cambiaría tan hermoso encuentro entre Él y yo por nada de este mundo, porque no hay carrera universitaria, educación ni nada que se pueda comparar a la presencia y al toque del Espíritu Santo.

Cuando Dios llega, lo hace para quedarse, no importa el rumbo que escojas, aunque tú no tengas a nadie en quien apoyarte, aunque te sientas sola, aunque sientas que no vas a llegar; sólo acuérdate que "sentir" es sólo un sentimiento, una emoción y tú puedes tener control de ello, muchas veces los sentimientos nos traicionan.

Cuando buscamos la definición de sentimiento es un estado de ánimo o disposición emocional hacia una cosa, un hecho o una persona. Nunca olvides que tu disposición emocional hacia las situaciones dolorosas las determinas tú, nadie más que tú tienes el poder sobre tu vida.

Con esto no te estoy diciendo que es fácil, cuando crecemos en un hogar disfuncional y somos lastimados por seres que amamos, todas estas cosas requieren un tiempo de sanación, pero en ese período de tiempo ten la disposición de sanar y perdonar, porque tú mereces ser libre, pues ya Dios te ha hecho libre.

¿Lo crees? A los que aman a Dios, a los que creen en Dios, todas las cosas ayudan a bien.

Es un gran privilegio ser escogidos por Dios, lamentablemente hay muchas personas que no entienden que para poder ser parte de los beneficios que Dios nos da, primero debe de haber un arrepentimiento y consagración de parte de nosotros. Y claro está; van a venir momentos donde vas a querer huir de la presencia de Dios y correr, pero de Él nadie se puede escapar.

El salmista David dice lo siguiente:

> *7 ¿A dónde me iré de tu Espíritu? ¿Y a dónde huiré de tu presencia? 8 Si subiere a los cielos, allí estás tú; Y si en el Seol hiciere mi estrado, he aquí, allí tú estás. 9 Si tomare las alas del alba Y habitare en el extremo del mar,*
> *10 Aun allí me guiará tu mano, Y me asirá tu diestra. 11 Si dijere: Ciertamente las tinieblas me encubrirán; Aun la noche resplandecerá alrededor de mí. 12 Aun las tinieblas no encubren de ti, Y la noche resplandece como el día; Lo mismo te son las tinieblas que la luz.*

(Salmos 139;7-12 RVI)

Una de las cosas que suelen suceder cuando comenzamos a tener experiencias con Dios, es que realmente no entendemos qué es lo que Él quiere para nosotros y comenzamos a buscar tantas excusas para evadir la realidad, porque realmente es más fácil quedarse en el mismo estado que desprendernos de costumbres rutinarias que en realidad no nos llevan a ninguna parte.

Donde quiera que vayamos, donde quiera que estemos, allí estará Dios junto a nosotros, Él no es como los hombres que hoy están y mañana no; Él está en todo tiempo, pero muchas veces estamos tan enfocadas en el "Yo" que nos olvidamos de Él y no le damos ese tiempo para que en realidad nos revele lo que quiere con nosotras.

En muchas ocasiones estuve rodeada de tantas aparentes "amistades", pero me estaban llevando a lo más bajo, pues era lo único que conocía, no tenía a nadie que me abriera los ojos o me impulsara a hacer algo realmente por mi vida.

Pero ahí estaba Él dándome señales, era entonces que yo misma me preguntaba: ¿Cómo puede ser posible que haya la posibilidad de ser alguien en la vida o tan sólo tener algo productivo en ella?, a Dios gloria… ¿Por qué?, aunque no entendía y no obedecía; Él siempre estaba ahí y al cabo de los años cada día lo puedo ver con más claridad que siempre hay una razón de ser.

"En Dios nunca ha habido ni habrá casualidades, en Él hay propósitos".

Oración

Dios, aquí estoy para darte las gracias, porque, aunque tal vez no entiendo lo que quieres para mi vida y he tratado de huir de tu presencia y propósito, hoy te pido que me des un poquito de claridad acerca de lo que quieres hacer conmigo.

Necesito darle sentido a mi vida y entiendo que tú eres el único canal que me puede guiar al camino que tienes trazado para mí, te pido perdón por haber sido rebelde en algún momento dado de mi vida.

Gracias por tu paciencia y compasión, por estar ahí en todo tiempo y de no cansarte de creer en mí. Quiero hacer tu voluntad, porque sé que sólo haciéndola voy a poder encontrar lo que mi alma necesita; que es esa paz, que sólo tú puedes ofrecer, así como dice tu palabra:

*La paz os dejo, mi paz os doy; yo no os
la doy como el mundo la da. No se turbe
vuestro corazón, ni tenga miedo.*

(Juan 14;27 RVI)

Ya por mucho tiempo he tratado de hacer las cosas a mi manera y me parece que llegó el momento de rendirme completamente a ti y permitir que tomes el timón de mi vida y ser partícipe de eso, que por tanto tiempo he estado buscando, pero que solo tú mi Dios me puedes dar.

Gracias, en el nombre de Jesús, ¡Amen!

03

Cuando nos desviamos de su voluntad.

En pos de Jehová vuestro Dios andaréis; a él temeréis, guardaréis sus mandamientos y escucharéis su voz, a él serviréis, y a él seguiréis.

(Deuteronomio 13:4 RV 1960)

Si conoces de Dios, te exhorto que nunca te desvíes de su voluntad, ya que el dolor y el vacío que se siente es muy triste, una vez que experimentas su presencia, las caricias del Espíritu Santo, siempre vas a anhelar volver al primer amor.

Si tú que me lees, estás pasando por esa situación, si te has desviado del propósito de Dios para tu vida, ya no sientes su presencia como antes y te has apartado de Él; te digo:

¡No!, nunca es demasiado tarde para permitirle volver y dejarlo entrar a nuestra vida, y que Él ponga todo nuevamente en orden.

La palabra de Dios nos dice:

20 He aquí, yo estoy a la puerta y llamo; si alguno oye mi voz y abre la puerta, entraré a él, y cenaré con él, y él conmigo. 21 al que venciere, le daré que se siente conmigo en mi trono, así como yo he vencido, y me he sentado con mi Padre en su trono. 22 el

que tiene oído, oiga lo que el Espíritu dice a
las iglesias.

(Apocalipsis 3:20-22 RV 1960)

Él desea estabilizar tu vida, Dios quiere darnos la victoria, pero para que eso sea posible; necesitamos permitirle entrar nuevamente y darnos la oportunidad de crecer, sanar, perdonar y levantar a otros una vez que tú seas libre por completo; ya que ese es el plan de Dios, **"Restaurarnos para Restaurar"**.

Les cuento todo esto, porque a pesar de haber tenido un encuentro tan maravilloso con Dios a temprana edad, el cual marcó toda mi vida, me parece que, al no tener el apoyo de familiares, y la guía espiritual que tal vez necesité en dicho momento, tomé rumbos inciertos y decisiones que me llevaron a sufrir, donde todo era discotecas, bebidas y drogas… entre otras cosas.

Hasta llegué a experimentar lo que era la prisión, siendo aún menor, pero aun ahí la presencia de Dios me visitaba.

Fue tan duro y difícil, ya que estando allí clamaba a mi Dios por una oportunidad; ese lugar no era para mí, eso no era la vida que yo quería, aunque teniendo el estilo de vida que llevaba; era eso a lo que podía llegar… "a la muerte".

Aunque me veía en prisión detrás de unas rejas, con la posibilidad de cumplir tres años en aquel lugar tan frío e incierto, había algo en lo más profundo de mi ser; que me decía que ese no era mi final.

Aunque ya el "hombre" o sea, "Las Leyes" me habían dado varias oportunidades, en la "Libre Comunidad" no había ninguna esperanza de que pudiera hacer el tiempo en un programa o bajo probatoria, pero, aun así, esta

 MUJER activa tu FE

"Mujer de Reino", "Mujer de fe", ¡No perdió la esperanza!

Y aunque estaba apartada, clamaba mi espíritu muy dentro de mí al Dios que en algún tiempo conocí, que me amó y me había separado para estos tiempos.

Aunque el Espíritu Santo no moraba en mí, porque Él no mora en vasos sucios, y yo definitivamente estaba sucia.

La palabra dice:

> *20 Pero en una casa grande, no solamente hay utensilios de oro y de plata, sino también de madera y de barro; y unos son para usos honrosos, y otros para usos viles. 21 Así que, si alguno se limpia de estas cosas, será instrumento para honra, santificado, útil al Señor, y dispuesto para toda buena obra.*

(2Timoteo 2:20 RV 1960)

No era un vaso de honra justo en ese momento, pero aun así yo sé, que lo que en un momento había aprendido de Él y las experiencias que había tenido, ¡Nada ni nadie me lo podía quitar!

Estando ya tres meses en esa prisión, baja una llamada al aula; era mi trabajador social queriendo comunicarse conmigo, porque se abrió la posibilidad de cumplir sólo un año de sentencia; ¡Ya no serían tres!, era "SÓLO UNO" y no sólo eso, ese año no lo iba a cumplir detrás de unas rejas, sino que me iban a transferir a un hogar "CRISTIANO" … ¡WOW!

Dios una vez más me sorprendió y este vaso de barro, sucio e impuro sólo clamó a Él, Él escuchó y contestó, sobrepasó mis expectativas, hoy te digo Mujer de fe:

"No te canses de clamar" porque para Dios no hay nada imposible y de tus peores momentos, Él saca lo mejor de ti.

¿Quién diría que esta experiencia hoy la estuviera compartiendo contigo?

"En mis planes no estaba, pero si en los de nuestro Dios".

Se vale de lo que sea para hacerte entender que Él no ha terminado y que esto termina cuando Él lo decide.

Aunque el hogar era católico, allí sentía paz y estaba mucho más tranquila que estando en prisión; allí tenía la oportunidad de ir al templo, orar y escuchar su palabra; y es que cuando Dios quiere hacer algo… ¡Lo hace y punto!

No importa el rumbo que hayas escogido, si Dios te marcó para hacer algo bonito contigo, no importa donde estés, lo que hayas hecho, cuantas veces hayas pecado o cuan inútil te sientas; allí te alcanzará.

Sólo tienes que poner de tu parte y permitirle a Él que te limpie y tome posesión de todo en tu vida. Dios es experto sanando corazones.

Ejemplo de ello tenemos en la palabra de Dios; a "La Mujer adúltera", todos la señalaban y la acusaban, la querían apedrear y Dios en su infinita misericordia llegó su encuentro, tan sólo una palabra fue suficiente para detener el momento de su ejecución; expresando: "El que esté libre de pecado, que tire la primera piedra".

Ahora te digo: "Si lo hizo con ella, lo hizo conmigo y lo ha hecho contigo, no hay tiempo para juzgarte ni menospreciarte por tu pasado", porque si ya Dios te ha hecho libre y te ha entregado herramientas muy valiosas para levantarte, prosperarte y echarte hacia delante, entonces ¿Por qué nos vamos a detener y no aceptar la oportunidad tan valiosa que Él nos está ofreciendo de cambiar nuestro lamento en baile y transformar un pasado de dolor en uno de victorias?

> *"Así que, si alguno se limpiare de estas*
> *cosas, será vaso para honra, santificado,*
> *y útil para los usos del Señor, y aparejado*
> *para toda buena obra."*

(2 Timoteo 2:21 RV 1960)

La voluntad de Dios para con nosotros es buena y agradable, Él quiere levantarnos, transformarnos, restaurarnos y usarnos en gran manera, pero para eso necesitamos voluntad propia, en este pasaje bíblico vemos claramente como dice: "**Si alguno se limpiare**" o sea, en otras palabras; "Si alguno tuviera la disposición de alejarse de aquello que no edifica", de aquello que sabes que a Dios no le agrada, si de verdad lo haces… ¡Dios te santificará y te hará un vaso de honra!

¡Sí! ¿Sabes lo que significa honra?

Significa: "Respeto y Buena opinión que se tiene de las cualidades morales y de la dignidad de una persona".

Eso quiere decir "Mujer de Reino hermosa", que aquellos que te juzgaban por tu pasada manera de vivir, ya no lo podrán hacer, eso quiere decir que aquellos que te miraban por encima del hombro; ya no te van a poder mirar con ese menosprecio, porque serás útil, alguien que comenzará a crecer en todas las áreas, como madre, esposa, como sierva de Dios, empresaria y mucho más.

¡Todo lo que saldrá de ti será de bendición y muchos quedarán sorprendidos!

No se los digo sólo por decir, sino porque lo he vivido.

Como pudiste leer al principio, mi niñez y mi juventud no fueron nada fáciles, muchos la conocieron y para este tiempo he recibido textos de personas que alguna vez me señalaron, que no creyeron en mí, y que nunca me dieron la mano; hoy me dicen: "Estoy contento de tu cambio", "Tienes una familia bonita", "Quien diría que llegarías a ser Pastora" … Entre otras cosas.

Toda mi gratitud es a mi Dios, que no me miró como ellos, porque si hubiese sido así; aun estuviera perdida, presa o en las calles.

Nunca te avergüences de tu pasado, porque esas son marcas que siempre te van a recordar de donde Dios te ha sacado y lo fuerte que has sido, que no moriste en los procesos tan duros que la vida te presentó.

Dios es un Dios de oportunidades y no debemos desaprovechar cada una de las oportunidades que Él nos presenta día a día, sé que permanecer en su voluntad es difícil y toma tiempo el poder entender que es lo que Él quiere de nosotros, pero huyendo de su presencia o cortando camino; no es la mejor opción, sólo trae retraso a nuestra vida y sobre todo; por los tiempos tan difíciles que estamos atravesando como humanidad, son tiempos en los que debemos de estar al pendiente de cada una de las señales que Dios nos presenta, para fortalecernos y llevarnos al lugar de nuestro destino final.

Podrás desviarte cuantas veces quieras, podrás detenerte, podrás cansarte, pero ¡Nunca podrás huir de la presencia de Dios y su propósito sobre ti!

Ahora bien, ¿Cómo puedes entender o saber que el camino que estás tomando no necesariamente es el camino que Dios ha trazado para tu vida?

La palabra nos revela lo siguiente:

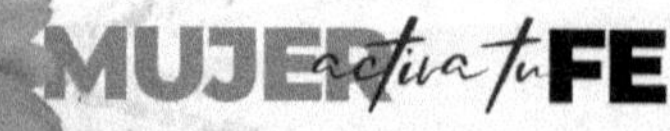

*Hay caminos que al hombre le parece
derecho; pero su fin es camino de muerte.*

(Proverbios 14:12 RV)

Una manera práctica para poder identificar si vas por el camino correcto, es entendiendo si por el camino que vas caminando es agradable para tu carne, y te hace sentir muy cómoda; ya que la carne siempre llama a la comodidad, y a lo más fácil.

Pero tengo que decirte que por el camino que Dios te va a llevar… "SIEMPRE te va a incomodar" y al principio no va a ser nada fácil, hasta que vayas entendiendo cuál es la voluntad de Dios y lo que Él quiere realmente de ti.

Oración

Señor mi Dios, aquí estoy dándote gracias porque, aunque tal vez no sé, ni entiendo el camino que tienes trazado para mí aún, tú continúas a mi lado.

Te pido perdón si en ocasiones no lo he entendido y por el hecho de que no me ha agradado o se ha puesto difícil, he tomado la decisión de irme por la vía rápida, no entendiendo que la vía con más obstáculos y tal vez la más difícil, es la que me va a llevar al lugar de destino que tú tienes para mí.

Te pido que no me sueltes en ningún momento de tu poderosa mano y continúes encaminándome hacia donde tú deseas, despierta mis sentidos auditivos espirituales para escucharte y despierta en mí el deseo de obedecerte.

Gracias, mi Dios, ¡Te doy toda HONRA y GLORIA por los siglos de los siglos, ¡Amen!

CAPÍTULO 04

Retos y desafíos.

*Y Jehová va delante de ti; él estará contigo,
no te dejará, ni te desamparará; no temas ni
te intimides.*

(Deuteronomio 31:8 RV 1960)

Retos y Desafíos en la vida. La palabra **"Vida"** del hebreo **"Chay"** está en plural y significa que Elohim o Dios, al soplar "aliento de vida" en el cuerpo del hombre produjo una doble vida, la vida anímica y la vida espiritual.

Necesito desarrollar esta palabra tan importante del cielo con calma, necesito que entiendas que la vida va más allá de lo que nosotras podamos creer o tal vez pensar.

El estado anímico es un estado psicológico, en el cual, el individuo manifiesta las vivencias afectivas y emocionales que está viviendo.

La palabra "anímica" tiene su origen en el latín *"anima"* *"animae"* que significa *"soplo o respiración"*, luego se identificó con *"vida"* y, por último, expresa *"alma"*, se le agrega el sufijo *"ico"* que indica *"cualidad de"*, como resultado el término *"anímica"* que significa "**la cualidad de la respiración, de vida, del alma**".

Cuando Dios sopló aliento de vida sobre nosotros, depositó emociones y sentimientos, nos dio la capacidad de expresar todas esas emociones. ¿Cuáles son esas emociones que tenemos? Algunas de las emociones que tenemos que mostrar son la alegría, tristeza, ansiedad, desesperación, dolor, entre otras… que tal vez tu ya conoces.

Te digo amada mujer de Reino que me lees, no hay nada malo con sentirnos tristes en ocasiones, sólo son emociones. Lo malo es no ir con esa tristeza al Dios que sopló todas esas emociones en nosotras.

Por ninguna razón debiéramos pelear nuestras batallas solas, cuando tenemos un Dios que nos creó y conoce perfectamente cada uno de nuestros sentimientos y debilidades.

Estas cosas os he hablado para que en mí tengáis paz. En el mundo tendréis aflicción; pero confiad, yo he vencido al mundo.

(Juan 16:33 RV 1960)

Dios establece en esta escritura claramente que en Él hay paz, les habla a sus discípulos y en otras palabras les da a entender que llegarán momentos duros, difíciles, inciertos, dolorosos, retos y desafíos. Pero cuando esos momentos lleguen a tu vida sólo tienes que confiar y activar esa fe que está en ti y no la has descubierto, activa a esa mujer de autoridad, decidida a luchar y a levantarse; porque el Dios de paz está contigo.

El Dios que yo conozco y que he conocido a través de los años no miente, nunca me ha mentido y estoy segura de que no me mentirá.

Él les habla claramente y les dice que en este mundo pasarán por momentos inciertos, pero sólo tienen que confiar, ¡Qué difícil es confiar!... lo sé, y créeme que te entiendo, no estoy escribiendo para hablarte de una mega fe y decirte que todo será fácil, que no tendrás momentos duros y difíciles, estoy aquí para decirte que

MUJER *activa tu* FE

si te mantienes firme; Dios te librará y te dará las fuerzas que necesitas.

Tienes que entender que la vida está llena de retos y desafíos.

Guardad, pues, las palabras de este pacto
y ponedlas en práctica, para que prosperéis
en todo lo que hagáis.

(Deuteronomio 29:9 RV 1960)

Cuando entendemos que Dios ha pactado con nosotros y conocemos ese pacto; que es de bendición, lo ponemos en práctica, entendiendo que en Dios no hay pérdidas, sino ganancias, no sé cuáles son los desafíos que tienes que enfrentar o tal vez estás enfrentando, pero te digo:

"Enfréntalos confiando en que Dios no te va a dejar y sobre todo ponlos en sus manos".

Todo esto me trae a la memoria uno de los más grandes retos que tuve que pasar, al tener que tomar la decisión de dejar mi país y viajar a los Estados Unidos; fue un desafío grande el tener que desprenderme de un lugar que amaba, para llegar a un lugar donde sólo me esperaba el padre de mis hijas, pero anhelaba reunirme con él, y para esto tuve que aceptar ese gran reto.

Recuerdo ese instante, el cual fue muy difícil; el llegar a un país completamente desconocido, a vivir a una casa donde prácticamente no conocía a nadie, tener como dormitorio una sala; donde mis niñas dormían super incómodas, una en un "cochecito" y la otra en una "silla mecedora", en los que a ambas les colgaban los pies, fue algo muy difícil.

Teníamos un carro que no tenía calentador y un

"gran boquete" (abertura, orificio, agujero) en el lado del pasajero, mis niñas se ponían rojas. Recuerdo muy bien cuando mi esposo me decía: "Levanta los pies, puede que entre agua".

Lo que ganaba mi esposo no era suficiente para rentar en la ciudad de Boston, fue entonces que tuve que aceptar el desafío de irme a vivir a un "Shelter" (albergue o asilo), amadas no fue nada fácil, día a día era un reto y un gran y diferente desafío, ya que ahí se encontraban tantas personas, con temperamentos tan distintos, cada uno con su carácter, tan diferente el uno del otro.

Sabes, mi dormitorio era en un segundo piso; y los refrigeradores estaban en el primero, una de mis hijas tenía cinco meses y la otra un año y medio, en la madrugada se levantaban porque querían leche, tenía que bajar al primer piso con una de ellas en mis hombros y levantar a la otra para buscar la leche, muchas veces ambas llorando, otras veces más llegaba al refrigerador y ya no había leche; pues alguien más ya se la había tomado.

¿Cómo le explico a una niña de un año y a la otra de cinco meses que se tienen que tranquilizar y esperar? Además, que no lloren porque no hay leche y tienen que esperar hasta el siguiente día a que su padre la trajera… Imagínese usted como pasábamos esa madrugada.

Al llegar invierno opté por abrir un poco la ventana y poner la leche en ella para que se mantuviera fría.

Les cuento esto, porque con todas mis fuerzas quiero llegar a ti; que tal vez el desafío que tienes es grande, te digo: "Acéptalo y Persevera".

La palabra de Dios dice claramente:
El gran amor del Señor nunca se acaba y su

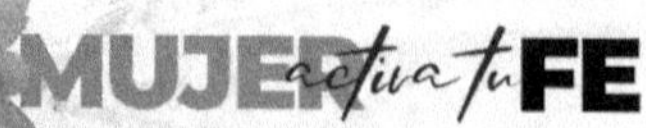

(Lamentaciones 3:22-23 NVI)

En medio de todas estas situaciones, aunque mis asuntos con Dios no estaban del todo en orden; mi amor por Él y mi confianza en Él nunca dejó de estar presente, en esos tiempos jamás la compasión del Señor se agotó y verdaderamente sí puedo decir que "Su Fidelidad es grande", tal vez en esos instantes no podía verlo aún, mucho menos lo entendía, pero en este preciso momento aquí sentada frente a mi computadora, escribiendo estas palabras; puedo ver y decir que "Las misericordias de Dios no se agotan y que su plan siempre es y será perfecto".

Amada Mujer de Reino, tú tienes que creer que Dios está contigo y que Él es, fue y será siempre compasivo para con nosotras.

Muchas veces llegan retos y desafíos a nuestras vidas, y nos preguntamos a nosotras mismas, ¿Será posible? ¿Cómo va a suceder esto? Te digo que, si no nos lanzamos y aceptamos ese reto y desafío, no vamos a saber de lo que somos capaces de alcanzar y a dónde podemos llegar, si tan sólo nos arriesgamos a hacer lo desconocido para nosotras, pero conocido para Dios.

*Porque yo sé los pensamientos que
tengo acerca de vosotros, dice Jehová,
pensamientos de paz, y no de mal, para
daros el fin que esperáis.*

(Jeremías 29:11 RV 1960)

Claramente podemos ver en este pasaje bíblico, que Dios siempre ha pensado en nosotras, y sus pensamientos siempre han sido lo mejor; así darnos lo que en realidad anhelamos.

¿Qué es lo que realmente queremos?

Diría yo, paz, un hogar firme, estabilidad económica, entre otras cosas… Ahora te digo:

"Dios quiere dártelas, pero Él ya tiene el plan perfecto para llevarte a ellas; sólo tienes que dejarte guiar por Él y su Santa y Bendita Presencia, yo te aseguro que todos esos retos y desafíos en tu vida los podrás superar de la mano de Dios.

Hoy atrévete a decir: ¡Ya me cansé de hacer todas las cosas a mi manera!, ¡Me doy la oportunidad de permitirte que seas tú el que me dirija!, ¡Ya me cansé de estar en lo mismo, cuando realmente sé que tú tienes algo mucho mejor para mí!

Pasaban los meses y yo en el "Shelter", veía las casas y decía: - "Cuándo tenga la mía, aunque sea un apartamento pequeñito, quiero estar cómoda y que mis hijas también lo estén". Pasado algún tiempo para la semana del "Día de las madres" a Dios le plació darme ese regalo, y me salió un apartamento en el estado de Maine. Dios obró y me bendijo con lo que yo deseaba, Dios no "llega a tiempo", pues es el tiempo y se mueve en el tiempo, simplemente se manifiesta en el momento que Él cree más oportuno para nosotras.

Oración

Gracias Señor porque, aunque no entiendo los retos

y desafíos que estoy enfrentando en este momento, sé que tú en algún momento me permitirás entender.

Sé que estás trabajando algo importante en mi vida, para así poder madurar a través de cada uno de esos desafíos, me revisto en este preciso momento de la autoridad que tú me has dado y enfrentaré cada uno de ellos con mi frente muy en alto, te daré toda la gloria y honra; porque he sabido entender que a los que te aman, todas las cosas obran a bien; y yo a ti mi Dios ¡Te amo!

Perdóname si en ocasiones no he sabido mostrarte ese amor como debiera, ignorando tus palabras en múltiples ocasiones, como dice tu palabra:

Bienaventurado el hombre que haya sabiduría y el hombre que adquiere entendimiento.

(Proverbios 3:13 RVI)

Quiero ser esa mujer que adquiere sabiduría y entendimiento; que habla tu palabra, me llenes de sabiduría para tomar decisiones en todo lo relacionado con mi vida y mi familia, y el entendimiento de tu palabra y de lo que tú quieres para mi vida.

En el nombre de Jesús, gracias y amen.

¿Qué hacer cuando el dolor golpea fuerte?

Cuando buscamos la definición de "**Dolor**" encontramos que significa: Sentimiento intenso de pena, tristeza o lástima que se experimenta por motivos emocionales o anímicos.

- ¿Quién de nosotras no ha pasado por una intensa pena?

- ¿Quién de nosotras no ha sido lastimadaa?

Me atrevería decir con certeza que todas hemos experimentado la traición, la pérdida de un ser querido; entre otras cosas, es más que evidente que todas hemos pasado y pasaremos por momentos muy difíciles en nuestras vidas.

Cuando el dolor golpea fuerte, muchas veces nos encerramos en nuestro propio pensamiento y no queremos escuchar nada; sólo nos concentramos en lo que pasó y comenzamos a buscar razones y motivos, comenzamos a darle tantas vueltas al asunto, que lo que ocasiona muchas veces es más daño y dolor.

No podemos permitirle a un sentimiento que puede ser tan destructivo, que tome control de nosotras; ni permitirle que marque nuestro futuro, a tal grado que no damos paso al entendimiento y raciocinio de lo que está aconteciendo.

No podemos por ningún motivo pasar a ser víctimas de esa situación, sin darnos cuenta de que estamos perdiendo terreno, eso nunca puede ser una alternativa. Muchas veces nos encerramos tanto en lo que pudo ser y no fue, que pasamos por alto lo que puede llegar a ser; tanto así que alejamos personas que tal vez vienen con muy buenas intenciones a nuestra vida, sólo porque fuimos heridos y comenzamos a crear murallas que no nos dan acceso a recibir lo nuevo de parte de Dios.

La palabra de Dios dice lo siguiente:

17 Claman los justos, y Jehová oye, Y los libra de todas sus angustias. 18 Cercano está Jehová a los quebrantados de corazón; Y salva a los contritos de espíritu.

(Salmos 34:17-18 RVR60)

Que bonito es poder entender que Dios nos oye y nos libra de toda angustia, tenemos que creer mis amadas Mujeres de fe, que Dios está muy cerca de nosotras; ahora bien, si lees esa escritura, claramente podrás ver que dice: "Claman los justos", si sabes que en tu corazón hay sinceridad hacia Dios y reconoces de qué careces y tienes el anhelo cada día de perfeccionarte, Dios estará ahí.

En este momento, en el que me encuentro escribiendo; podría decirte que llegó el dolor y la inquietud a mi vida al recibir la noticia que mi madre estando en un estado muy difícil, ha sido diagnosticada con COVID-19; no les voy a negar que me angustié en algún momento, pero

MUJER *activa tu* FE

cuando le damos esa libertad a la presencia de Dios, nos da el refrigerio que necesitamos para descansar en Él y confiar en que su voluntad y designios sobre nosotras nos va a hacer muy bien.

A través de toda esta situación, Dios me habló y me dijo: "Sigue predicando y haciendo mi voluntad"; y así exactamente lo hice, con tristeza en mi corazón, pero con agrado y agradecimiento haciendo lo que fui llamada a hacer y lo que me apasiona, predicar su palabra y proclamar las buenas nuevas de salvación.

El dolor no durará para siempre, la angustia no durará para siempre, pero tú y yo necesitamos enfrentar cada situación con valentía y determinación.

Si tienes que llorar; ¡llora!, ¿por qué no?, si tienes que gritar; ¡grita!, pero nunca olvides ir a la presencia de Dios con todo ese peso que no te pertenece.

La palabra de Dios dice:

> *28 Venid a mí todos los que estáis trabajados y cargados, y yo os haré descansar. 29 Llevad mi yugo sobre vosotros, y aprended de mí, que soy manso y humilde de corazón; y hallaréis descanso para vuestras almas; 30 porque mi yugo es fácil, y ligera mi carga.*

(Mateo 11:28-30 RV 1960)

Claramente a través de esta escritura podemos ver que Dios nos deja muy claro, que estableciendo una relación con Él; es como nosotras vamos a poder llevar todo dolor y necesidad que tengamos a Él, y así estaremos mucho más ligeras, Él promete alivianar nuestra carga, muchas veces la quitará, en otras ocasiones, Él sólo te dará las fuerzas para que te puedas manejar ante cualquier situación que estés atravesando.

Me fascina lo que Él dice en esta escritura: "Aprended de mí que soy manso y humilde de corazón"

- ¿Cuántas cosas malas le hicieron a Jesús?

- ¿Cuántas cosas hirientes e injustas le dijeron?

Sin embargo, Él no permitió que eso dañara su corazón o impidiera lo que Él estaba destinado a hacer aquí en la tierra.

Es muy importante que entiendas que necesitas "**ser sana para luego sanar**", que necesitas "**ser libre para luego hablar de libertad**". ¿Si me entiendes?

No te detengas a mirar ¿Quién está?, o quien debería de estar y no está. ¡Nada de eso!, el tiempo se acorta, mantén tu mirada en Cristo Jesús, Él siempre está, no busques en otras personas lo que tú crees que necesitas o lo que quieres escuchar; muchas veces lo que queremos escuchar nos hace daño, tenemos que ser muy sinceras con nosotras mismas y hacernos un autoanálisis y evaluarnos con mucha sinceridad.

La palabra de Dios dice respecto a esto lo siguiente:

28 Porque ¿quién de vosotros, queriendo edificar una torre, no se sienta primero y calcula los gastos, a ver si tiene lo que necesita para acabarla? 29 No sea que después que haya puesto el cimiento, y no pueda acabarla, todos los que lo vean comiencen a hacer burla de él, 30 diciendo:

Este hombre comenzó a edificar, y no pudo acabar.

(Lucas 14:28-30 RVI)

Claramente en esta escritura podemos ver la importancia del análisis y lo que es la evaluación.

"Nosotras tenemos que ser inteligentes y sabias".

Si queremos tener familias e hijos fuertes; no podemos arrastrarlos con nosotras a nuestro pasado, con el dolor que una vez tocó nuestro corazón.

Por eso es importante fortalecernos y pararnos firmes con una meta clara de lo que anhelamos para nuestras vidas y familias, sanar nuestro corazón, ofrecerles esperanza y estabilidad.

Usted y yo hemos sido diseñadas para dar vida, para edificar, usemos todo lo que Dios nos ha dado a favor de nosotras y los nuestros.

Comienza dándole vida a lo que está muerto en ti, vístete de valentía y enfrenta todo lo que tengas que enfrentar para llegar a recuperar lo que en un momento de tu vida perdiste o dejaste escapar; sólo porque el dolor o la duda llegó a tu vida.

Nunca podrás ofrecer lo que no tienes; y como de lo que tienes vas a dar, si cargas odio o rencor, eso ofrecerás y sin darte cuenta vas a lastimar a los que te aman de verdad.

Definitivamente yo sé que tú no quieres hacer eso, tú deseas dar lo mejor de ti a los tuyos, a tus hijos y a los hijos de tus hijos; porque para eso es que fuiste creada.

Pero cómo lo vas a hacer, si no tomas la decisión por ti misma de dejar todo lo que te impide crecer y te mantiene cautivo a un pasado oscuro, la decisión es tuya.

Llama mucho mi atención esta escritura que dice lo siguiente:

Cuando la mujer está para dar a luz, tiene aflicción, porque ha llegado su hora; pero cuando da a luz al niño, ya no se acuerda de la angustia, por la alegría de que un niño haya nacido en el mundo.

(Juan 16:21 RVI)

Que poderosa es esta palabra, es necesario que en muchas ocasiones el dolor golpee fuerte a tu vida, es necesario que te duela, ¡Estás embarazada de una promesa poderosa que Dios te ha dado! y tiene que doler, te tiene que incomodar, las que sabemos sobre el estado de embarazo podemos entender que un embarazo consiste en cuarenta semanas; lo cual se agrupa en tres trimestres y cada trimestre tiene sus procesos.

Te mencionaré los trimestres para que te hagas un autoanálisis y determines en que trimestre te encuentras con relación a "Tu Promesa"; o cuán lejos o cerca te encuentras en relación con el "Alumbramiento del plan de Dios sobre tu vida".

Por ejemplo:

El Primer Trimestre: Durante el primer trimestre, el cuerpo pasa por muchos cambios. Los cambios hormonales afectan prácticamente a todos los sistemas de órganos.

Estos cambios pueden manifestar síntomas tales como náuseas, agotamiento, dolores de cabeza, cambios de humor, acidez estomacal, etc.

El Segundo Trimestre: En este trimestre notarás que algunos síntomas, como las náuseas y la fatiga, desaparecerán. Pero ahora se presentarán nuevos cambios en el cuerpo que serán más evidentes.

El abdomen se expandirá de acuerdo con el crecimiento del bebé. Y antes de que termine este trimestre, sentirás que el bebé comienza a moverse.

Comenzarás a ver cambios como inflamación en los tobillos, dedos y rostro, estrías en el abdomen, senos y muslos.

El Tercer Trimestre: ¡Estás en la recta final! Algunas de las molestias propias del segundo trimestre continuarán.

Además, muchas mujeres sienten dificultad para respirar y necesitan ir al baño con mayor frecuencia. Esto se debe a que el bebé está creciendo más cada día y ejerce más presión sobre los órganos, presentarás el llamado calostro, ombligo abultado, dificultad para conciliar el sueño, el desplazamiento del bebé hacia la parte inferior de tu abdomen, contracciones que pueden indicar un trabajo de parto real o una falsa alarma, falta de aire y acidez.

¿Por qué te presento estos ejemplos de los Trimestres de embarazo? por que como dice la palabra en el libro de Juan 16:21: "**Es necesario que pasemos por dolores de parto**" y cada trimestre, si te fijas; trae consigo sus cambios, sus retos, dolores, pero son necesarios para que esa criatura crezca, se desarrolle y cada parte de su cuerpo comience a tomar forma.

Dios no le está dando forma a tu promesa ni mucho menos la está desarrollando, tu promesa ya tiene forma y está completamente desarrollada; simplemente te está dando forma a ti y te está desarrollando a ti para cuando llegue esa "criatura" (promesa) estés lo suficientemente madura para que la puedas cuidar y cumplir a cabalidad lo que Dios espera de ti.

Así que te exhorto a que perdones y superes todo lo que quiere traer a tu vida atrasos o todo aquello que quiera hacer que abortes tu promesa.

Estas preguntas son para ti, medita en ellas.

- ¿He perdonado a los que me han lastimado de corazón?

- ¿Aún hay dolor en mi corazón?

- ¿Existe algún tipo de remordimiento en mi vida?

- ¿Se me hace difícil la posibilidad de permitirle a nuevas personas que entren a mi vida?

- ¿Me enfoco más en lo negativo que en lo positivo?

- ¿Le estoy dando el tiempo a Dios que el realmente se merece?

- ¿Realmente pongo a Dios primero en todos mis asuntos?

CAPÍTULO 06

Deseando un cambio genuino.

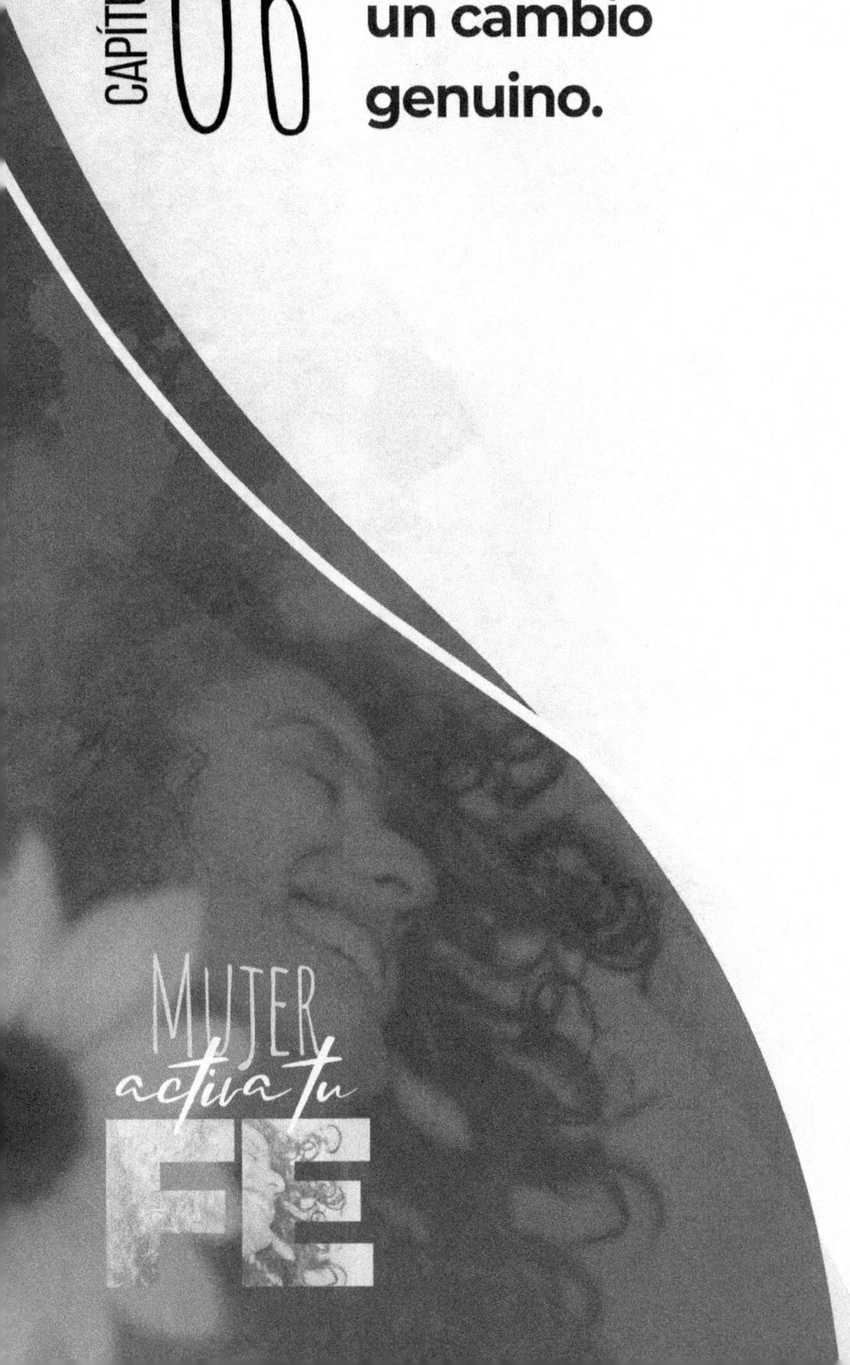

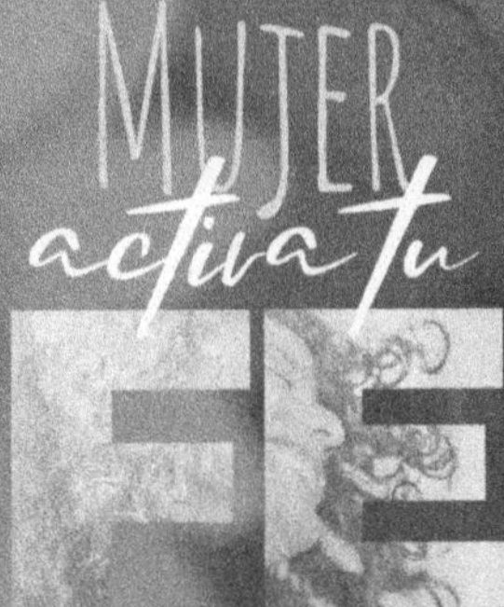

Por la fe la prostituta Rajab no murió junto con los desobedientes, pues había recibido en paz a los espías.

(Hebreos 11-31 RV 1960)

Rajab era una prostituta de Jericó, salvó la vida de los espías hebreos, esa fue la razón por la cual su familia se salvó cuando los hebreos atacaron a Jericó.

Gracias a su fe, esta mujer despreciada se ganó un lugar entre el pueblo de Israel, llegó a ser uno de los antepasados de Jesús y obtuvo un puesto entre los héroes de la fe.

Cuando leemos la historia de esta mujer prostituta (tal vez menospreciada y de muy baja estima), fue la que se dejó usar para ser el puente que le dio la victoria a Josué y su pueblo, a ella no le importó traicionar a sus propios conciudadanos; con tal de estar al lado de la verdad.

Ella escondió a los espías de Josué que iban a analizar la tierra de Jericó, para luego entrar y tomar posesión de ella, dice la palabra que cuando los dejó ir, pidió misericordia para ella, sus hijos, sus padres y familiares, evidentemente esta mujer estaba cansada de lo mismo, anhelando un cambio radical en su vida; y para eso definitivamente tuvo que tomar decisiones drásticas.

Cuando buscamos la definición "Desear", encontramos lo siguiente:

- "Sentir atracción" (por una cosa) hasta el punto de quererla poseer o alcanzar.

- Anhelar (que acontezca o deje de acontecer un suceso).

Lo primero que como mujeres de Dios debemos desear es acercarnos a Dios, entendiendo que es la rama más importante donde nosotras podemos madurar, crecer y alimentarnos espiritualmente. Debemos entender que si deseamos un cambio genuino, sólo puede venir del Padre.

He escuchado tantas y tantas cosas acerca de personas que dicen:

"Yo no voy a la iglesia porque no soy hipócrita con Dios", "No voy a ir y seguir haciendo las cosas que hago; que sé que no le agradan a Él"

Y un sin número de excusas más que, si las enumero, creo que no terminaría.

Pero partiendo de estas que acabo de mencionar, es importante saber que si decidimos buscar de Dios; tenemos que ir tal y como somos, con todos nuestros defectos y debilidades, entendiendo que es ahí donde Dios se glorifica. No es tiempo de buscar excusas, ni justificar nuestros pecados, mucho menos nuestra manera de vivir, pues no nos beneficia en nada, más bien; es tiempo de ser honestas con nosotras mismas, con Dios y con los que nos rodean; sólo así podremos obtener el cambio para bien que tanto anhelamos.

La palabra dice:

26 Os daré corazón nuevo, y pondré espíritu nuevo dentro de vosotros; y quitaré de vuestra carne el corazón de piedra, y os daré un corazón de carne. 27 Y pondré dentro de vosotros mi Espíritu, y hare que andéis en mis estatutos, y guardareis mis preceptos, y los pongáis por obra"

(Ezequiel 36:26-27 RV 1960)

Es tan bonito tener un encuentro con Dios, pues cuando Él llega lo cambia todo, en lo personal, yo cargué por mucho tiempo con rencor de mi niñez y guardé mucho coraje; pues no entendía como personas tan allegadas a mí, realmente no estuvieron cuando las necesité.

En momentos precisos de mi vida, ese dolor e indignación me hicieron cometer muchos errores, diría yo; "Grandes errores", lo único que quería era la vida que el mundo fuera de Cristo tenía para mí, pues era lo que me llenaba, sin embargo, muy adentro estaba gastada y cansada, estaba muerta en vida.

Llena de mucho sufrimiento, comencé a convencerme a mí misma que el dolor era todo lo que yo merecía y que para mí no había nada más, aunque muy en el fondo sabía el potencial que tenía y que, si aceptaba la oportunidad que Dios me estaba dando, mi estilo de vida podría cambiar.

Una de las peores cosas que nos pueden pasar como seres humanos es perder el dominio sobre nosotros mismos, no tener autocontrol y vivir una vida desenfrenada. La palabra de Dios dice claramente que "Dios nos ha dado dominio propio", y si le permitimos a las situaciones que nos motiven a vivir una vida sin sentido y sin rumbo; no nos depara nada bueno.

Existen muchas personas que pueden hacer ese cambio genuino, pero lamentablemente no quieren esforzarse y determinar un cambio que, aunque cueste mucho esfuerzo y sacrificio, al final del camino les tendrá una buena recompensa.

Cuando conocí a mi esposo, el padre de mis hijas; al principio de nuestra relación teníamos muchos problemas, ¡demasiados… diría yo!; de su parte hacia mi persona no había afecto, detalles, tiempo… ¡Nada!

Pasaba mucho más tiempo con sus amistades; que en su casa. Simplemente estaba conmigo por su hija, y yo todas esas cosas las sufría muy fuerte dentro de mí.

Luego de un tiempo, él toma la decisión de viajar a los Estados Unidos, quedándome en Puerto Rico con una beba y embarazada; me dejó en un apartamento, costeando él todo (siempre fue responsable en esas áreas).

Tan sólo imagínate que dolor, ahí comenzaron a pasar tantas y tantas cosas por mi mente que ni te imaginas, tales como: "Ahora se va a olvidar de nosotras", "Se enamorará de otra" … y un sin número de cosas más.

Al cabo del tiempo, él puso los puntos claros para que yo tomara la decisión de viajar; a mí no me importó el no hablar inglés, el no saber dónde iba a vivir, aunque me dolió desprenderme de mi tierra y familia, yo quería un hogar estable, yo quería que mis hijas crecieran con su padre y crecieran en un hogar sano como yo no tuve la dicha de disfrutar, quería darle a mis hijas de cierto modo todo lo que no tuve, sabiendo que eso que deseaba tenía que ejecutarlo e ir por el.

Hoy yo te digo: Tú que me lees, no te quedes con el deseo solamente; ¡Ejecuta!, ¡Trabaja!, lucha por lo que quieres; porque si permites que el tiempo pase y no haces nada, "te lamentarás por TODO el tiempo perdido".

Tienes que entender que en muchas ocasiones tendrás que desprenderte de cosas que te dolerán, para alcanzar algo que te aliviará el resto de tu vida.

"No hay nada peor que tener una conciencia hostigándonos".

Con esto quiero dejarte sumamente claro; que desear y querer un cambio realmente no es suficiente. Se necesita coraje, valor, confianza, y sobre todo se necesita activar la fe.

¡Mujer, activa tu fe!, enciende esa llama de emprendedora y luchadora, tienes que entender que eres capaz de convertir una casa en un hogar, de dar frutos en abundancia y traer vida a este mundo.

El libro de proverbios dice que:

"La mujer sabia edifica su casa, más la necia con sus manos la derriba".

Ahora te pregunto:

- ¿Cuál eres?

- ¿En cuál te estas convirtiendo?

- ¿En cuál te quieres convertir?

La decisión es tuya, la palabra dice lo siguiente:
5 Fíate de Jehová de todo tu corazón, Y no te apoyes en tu propia prudencia. 6 Reconócelo en todos tus caminos, Y él enderezará tus veredas.

(Proverbios 3:5-6 RVI)

Fiarnos de Jehová es un paso necesario que nosotras debemos de tomar, con todo nuestro corazón y sobre todo reconocerlo a Él en todo, ya que Él tiene nuestro camino trazado y sólo tenemos que seguirle.

Te reto en este momento a que te atrevas a despojarte de ti misma y le permitas a Él que entre y haga morada.

Oración

Mi Amado consejero, Príncipe de paz, aquí estoy para decirte lo que tú ya sabes, necesito un cambio, deseo algo nuevo en mi vida, despierta en mi todos los sentidos y las ganas de superarme y hacer tu perfecta voluntad.

Marco mi territorio por el poder de tu palabra y hago mía cada una de las cosas que has dicho de mí en tu Santa Palabra.

Soy la niña de tus ojos, soy tu escogida, con amor eterno me has amado; tanto que derramaste tu sangre preciosa en la cruz del calvario, solo por amor a mí.

Tomo mi posición y te pido que me fortalezcas porque realmente soy débil y tengo mucho por aprender, gracias por estar ahí y cuidar de mí, escucha mi oración, activo mi fe en el nombre del Todo Poderoso, ¡Amen!

CAPÍTULO 07

Rodeada de aquellas personas que suman y no restan.

No te asocies con el hombre iracundo; ni andes con el hombre violento, no sea que aprendas sus maneras, y tiendas lazo para tu vida.

(Proverbios 22:24-25)

El tema que deseo compartir contigo es un tema muy sensible y delicado, oro a Dios para que te dé el entendimiento de lo que a través de este escrito voy a presentarte.

Dios nos ha llamado a unificar y a ser ejemplo vivo de lo que Él puede hacer aquí en la tierra a través de nosotros, y es muy triste como a veces podemos pensar y juzgar a los que de cierto modo deciden poner parámetros en sus vidas; tomando la decisión de distanciarse de personas o familiares.

Es claro que Dios quiere a la familia unida, es claro que somos la sal de la tierra y luz en el mundo, pero debemos tener muy presente que cuando queremos que nuestra vida mejore y nuestro estado espiritual aumente tenemos que aprender a tomar medidas drásticas y establecer distancia con esas personas que en repetidas ocasiones sólo se acercan para agotarte, confundirte, entristecerte o sólo "Restar y no sumarte".

Tú tienes que aprender a conocerte y saber qué cosas o amistades te benefician o te hacen daño.

Me llama mucho la atención, cuando Dios llamó al padre de la fe; Abraham, le dio directrices muy claras diciéndole lo siguiente:

*Pero Jehová había dicho a Abram: Vete de
tu tierra y de tu parentela, y de la casa de tu
padre, a la tierra que te mostraré.*

(GENESIS 12:2 RV 1960)

¡Maravilloso! En otras palabras, para que Abraham pudiera llegar a ser el "Padre de la fe" y "Padre de Naciones" primero tuvo que haber un desprendimiento; tuvo que dejar la tierra que lo vio crecer, familiares, amigos, etc.

¿Por qué? Porque no iban a ser de ayuda, era una tierra de idólatras, porque de cierto modo iban a trazar los planes de Dios para su vida, no iban a sumar si no a restar, era una tierra pagana y ahí definitivamente no se iba a cumplir lo que Dios tenía estipulado en su vida.

Cuando llegué a los Estados Unidos, luego de haber pasado por algunos procesos como ya les conté en los capítulos anteriores, les hablé un poco acerca de aquella temporada en la que viví en un refugio para indigentes.

En aquel entonces, me salió la oportunidad de un apartamento en el Estado de Maine, cuatro horas lejos de muchas personas que eran y son importantes para mi esposo y mis hijas.

Muchos mostraron sus opiniones respecto a la decisión que estaba tomando en dicho momento, hacían preguntas tales como: ¿Por qué se van tan lejos? o comentarios como: "Allá van a estar solos, no tendrán a nadie que los ayude con las niñas".

Pero nadie realmente sabía lo que yo estaba pasando en ese refugio para indigentes con mis hijas, nadie sabía las veces que me acostaba llorando, así que tomé la primera oportunidad que me salió, por que lo único que quería era un lugar seguro para mis hijas y para mí; y aunque no entendía nada en el momento, hoy puedo entender que todo era un plan divino de Dios.

Fue en ese estado donde Dios restauró mi hogar, fue allí donde me reconcilié con Dios, y luego de tantas oraciones por mi esposo… ¡Por fin llegó a los pies de Cristo!

"Cuando Dios tiene un plan trazado para tu vida, Él hará lo que tenga que hacer para llevarte a ese destino".

Una de las claves para crecer, además de siempre estar conectados con Dios, es escoger bien el tipo de gente con la que nos rodeamos, debemos elegir bien lo que recibimos en nuestras vidas.

Jesús vino a la tierra con un trabajo específico y durante su trayectoria siempre lo seguía una gran multitud, unos para murmurar, otros para su propia conveniencia y algunos más, simplemente porque tenían una necesidad; pero había otros que lo seguían porque realmente lo amaban.

A través de esto podemos denotar, que Jesús, a pesar de que una gran multitud lo seguía siempre, Él sólo escogió a doce para tenerlos cerca. En muchas ocasiones de esos doce, sólo escogía a tres para ir a orar y otras simplemente se iba solo.

Con esto quiero decirte que en la vida se presentarán situaciones en las que estarás rodeada, pero tienes que prestar atención y tener conciencia de qué tipo de gente es la que te está rodeando; Jesús estaba para ellos, pero también sabía tomar distancia, ayudaba, aconsejaba, levantaba, restauraba, sanaba; pero seguía su camino.

Él siempre daba ejemplo, y así tienes que aprender a ser; ayuda, aconseja, pero nunca te sientas culpable de decir ¡No!; por que tu paz espiritual y tranquilidad debe de ser una prioridad en tu vida y no puedes permitir que nadie te la quite, tienes que estar conectada al cielo y desconectada de la tierra, para poder tener el entendimiento y manejar cada una de las situaciones que en este caminar te vas a enfrentar.

La palabra de Dios dice lo siguiente:

"El que anda con sabios será sabio, más el compañero de los necios sufrirá daño"

(Proverbios 13:20RVI).

Esto quiere decir que "Andar con sabios me hará sabio", nosotros tenemos que conocernos tan bien, como para saber cuan preparados estamos para recibir, si usted sabe que no está preparado mentalmente para lidiar con cierto tipo de personas, es preferible que guarde distancia, si sabes que algo va a llegar a robarte tu paz, no te prestes para eso.

Hay situaciones que se presentarán en nuestra vida, en las que no siempre estaremos preparados para manejarlas y por nada del mundo debes sentirte mal. Siempre debemos de tomar en cuenta que hemos sido llamadas a edificar y no a derribar.

No todo el que empieza contigo terminará contigo, no nos podemos aferrar a tiempos, a cosas, ni mucho menos a personas, tenemos que vivir aferradas a Dios, Él siempre está, nunca se aleja y nunca falla, llegarán momentos en los que personas que pensaste que siempre estarían contigo, ya no estarán más; Dios las quitará porque simplemente su capítulo en tu vida ya terminó y sólo tienes que aceptarlo y seguir adelante, pues la vida continúa y no te puedes detener por quien ya no está.

Dios siempre nos hablaba a mi esposo y a mi de un "Ministerio Pastoral" y nosotros de cierto modo no lo recibíamos; ya que entendíamos que estábamos "bien" haciendo la voluntad de Dios en la iglesia, sirviendo en todo lo que nos era posible y de cierto manera, éramos como la mano derecha de la que en aquel entonces era nuestra amada Pastora.

Y decíamos "el Pastorado es una gran responsabilidad"; ya que estábamos muy cerca de ella y veíamos sus luchas y retos que enfrentaba en su día a día, y decíamos esto: "Es demasiado grande, no nos vemos en esos zapatos".

Pero a medida que el tiempo de Dios se iba acercando, Él en nuestra intimidad comenzó a despertar un deseo inexplicable por ir más allá, nos hablaba de manera más frecuente a través de expositores de la palabra y a través de sueños en las noches, pero, aun así, no lo aceptábamos.

Un día alguien llegó a mi casa, nos sentamos y comenzamos a dialogar y a tener un momento agradable entre nosotros, pero de pronto esta persona se queda en silencio, me observa y me comenta muy serio: "Anoche soñé con ustedes", a lo cual, de inmediato pensé:

"Aquí viene el Señor una vez más", ¡Si! porque cuando Dios te va a hablar Él te prepara, tu espíritu lo sabe y lo recibe, por eso siempre les diré:

"El profeta que te habla sólo viene a confirmar lo que Dios ya ha estado trabajando en la intimidad".

Yo le respondí: ¡Si, ¿Que soñaste?, me dice lo

siguiente: "Soñé que la iglesia donde estás se incendiaba y que tú, junto con tu familia salían corriendo".

Y de inmediato me pregunta: ¿Sabes por qué?

Me quedo en silencio, y el mismo responde la pregunta, diciendo: "Porqué Dios te va a sacar a prisa".

En ese momento, de cierto modo entendía que Dios nos llamaba a "Pastorear", pero como si nadie estuviera ahí para decirnos como íbamos a llegar a ese cumplimiento.

Tres semanas después de que esa palabra fue desatada, mi madre cae en la cocina de mi casa con un derrame cerebral fulminante, fueron momentos muy duros, donde dormía en el hospital, estando allí día y noche esperando una respuesta de los doctores, podía contar con una mano a los que se acercaron y estuvieron conmigo y mi familia.

Justo ahí, en ese lugar, donde nadie me llevó un culto, donde mi casa se caía lentamente y me preguntaba muchas veces: ¿Dónde está la iglesia? ¿Dónde están mis hermanos en Cristo?

Estaba herida, pero sabes una cosa, ¡Dios siempre estuvo ahí hablándome en medio del dolor!, y las preguntas tan repetitivas que le hacía, muchas de ellas me las fue aclarando con el pasar de los días, ese dolor por mi madre fue el que Dios usó para llevarnos al pastorado, lo que el enemigo pensó que era nuestro final, Dios lo usó para glorificarse.

Ahí entendí que Dios me estaba desprendiendo de lo que era en aquel tiempo mi lugar de congregación, me sacaba exactamente corriendo del lugar donde estaba cómoda trabajando para Él, para llevarnos al propósito que Él tenía para nosotros.

MUJER *activa tu* FE

¡Que irónico! El dolor nos llevaba al propósito, con esto quiero decirte que no por que estés cómoda y de cierto modo "creas que estás haciendo lo que Dios quiere", ya estás en el lugar correcto o con las personas correctas.

A medida que vas creciendo tendrás que decirle que no a muchas cosas que, aunque parezcan beneficiarte no son parte del diseño que Dios trazó para tu vida, así que: ¡Aléjate de todo lo que llega a restar a tu vida y no necesariamente a sumar!

Considero que es necesario mantener relaciones con personas que pueden alentarnos, motivarnos, enseñarnos o corregirnos.

Esas personas pueden ser amigos, padres espirituales o familia, y son vitales para nuestro desarrollo espiritual.

¡Escógelos muy bien!

Oración

Señor, estoy aquí para darte gracias por los amigos que has puesto a mi lado para que sean de cierto modo guía y ayuda, así mismo te pido, que me des el discernimiento de escoger muy bien a las personas que me van a ayudar a llegar a mi destino.

Yo quiero amar a todos como dice tu palabra y estar siempre ahí para el que me necesite, sin embargo, si hay alguien que no va a sumar a mi vida, si no que será piedra de tropiezo, dame la fuerza para tomar distanciamiento.

Entiendo que habrá personas como dice tu palabra que serán cizaña y que son necesarias para nuestro crecimiento, pero si llegan a mi vida, porque sé que tienen que llegar, dame la fuerza y la sabiduría para pasar el examen. No quiero ser cizaña, quiero ser de bendición a aquellos que me rodean, también ayúdame a aconsejar y a ser una buena oyente de todo el que se me acerque y así poder dar la palabra necesaria en el momento oportuno.

Quiero ser una buena amiga y sé que los frutos del Espíritu son necesarios para poder fluir eficientemente.

Gracias, Señor en el nombre de Jesús, Amen.

CAPÍTULO 08

Aceptando la voluntad de Dios y no la mía.

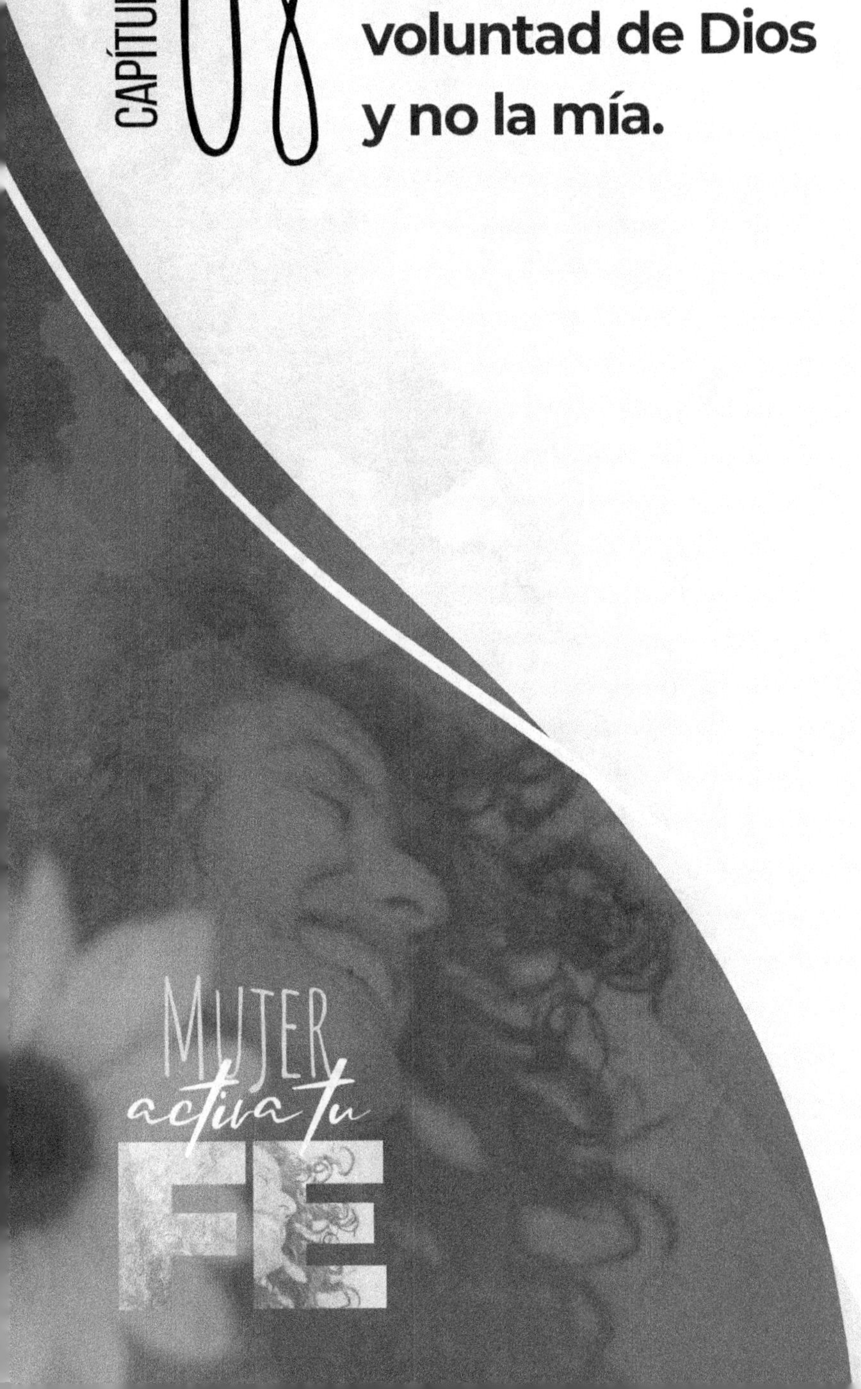

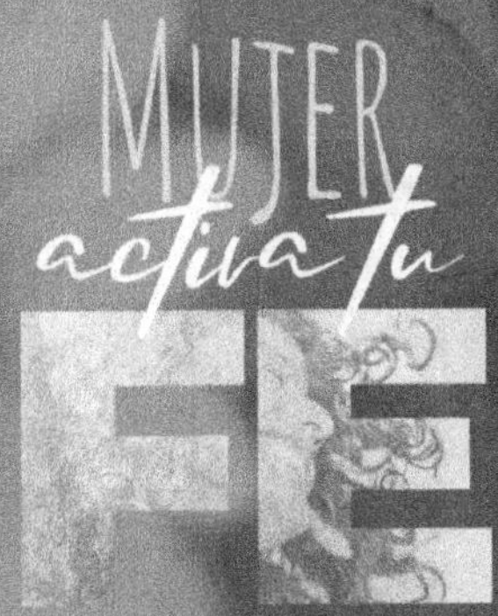

*Mi pecado te declaré y no encubrí
mi iniquidad. Dije: Confesaré mis
transgresiones a Jehová; y tu perdonaste la
maldad de mi pecado.*

(Salmo 32-5 RVI)

Aceptar la voluntad de Dios no es nada fácil, es aprender a ir en contra de nuestros deseos y de lo que queremos.

¿Qué es voluntad? La voluntad es la capacidad humana para decidir con libertad. Por el contrario, a una persona en estado de hipnosis se le puede manipular la voluntad.

Llama mucho mi atención esta definición, porque muchas veces nuestra voluntad está fuera de la de Dios; ya que nos encontramos hipnotizados por nuestros deseos o por la trampa del enemigo, la cual es desviarnos.

Tenemos que saber que la voluntad de Dios y su deseo, son la clave para conseguir lo que uno se ha propuesto; la voluntad es la capacidad para ponerse un objetivo concreto y luchar hasta alcanzarlo.

Muchas veces Dios permitirá que pasemos por momentos duros para llevarnos a nuestro lugar de origen. La palabra dice lo siguiente:

14 Por eso, ahora voy a seducirla: me la
llevaré al desierto y le hablaré con ternura.
15 Allí le devolveré sus viñedos, y convertiré

el valle de la Desgracia en el paso de la Esperanza. Allí me corresponderá, como en los días de su juventud, como en el día en que salió de Egipto. 16 En aquel día -afirma el Señor-, ya no me llamarás: "mi señor", sino que me dirás: "esposo mío".

(Oseas 2:14;16 NTV)

Que maravilloso es saber que el plan de Dios siempre ha sido conquistarnos y llamar nuestra atención, en este pasaje se esconde un poder muy grande, porque habla de volvernos a conquistar; pero para eso, Él te llevará al desierto para que vuelvas o aprendas a confiar en Él, ahí vas a sacar el tiempo para escucharlo; porque muchas veces cuando todo está bien en nuestras vidas, pasamos por alto la voluntad de Dios y dependemos más de nosotros mismos que de Dios, y para eso Él te llevará al desierto, para mostrarte lo que Él quiere hacer contigo, llegar a un acuerdo para que puedas entender que al permitirle a Dios que haga lo que Él quiere, es como vas a poder vencer.

Cuando estaba en todo ese proceso con mi madre, tuve que detenerme y pensar en todas las veces que Dios nos había hablado de un ministerio y de todas las veces que me negué; simplemente porque no creía que fuera capaz, o por lo que la gente pudiera decir de nosotros, cuando nos enfocamos en el "qué dirán" y no en lo que "Dios dice" perdemos ventaja.

Y ahí, en medio de mi dolor, cuando ya estaba rendida, dolida y desesperada… ahí llegó Dios y me dijo: "No es mi voluntad permitir que te rindas, no es mi voluntad permitir que te detengas; todavía no he terminado, ahora es que estoy comenzando", ¿Cómo entender que Dios nos llevaba a un pastorado? Si cuando mirábamos a nuestro alrededor no había nadie, ¿Qué pasos dábamos para obedecer lo que Dios quería en medio de esta situación tan triste y dolorosa?

Estando en el hospital y mirando por la ventana hacia el horizonte, me llega la noticia de que mi madre ya no iba a poder hablar, moverse, ni caminar; que iba a quedar postrada en una cama los días que le quedaran de vida.

¡Que dolor tan grande! Dios habló en medio de ese dolor, lo que menos quería escuchar y me dijo: "No estás sola, Yo estoy contigo, y los que no ves a tu alrededor, no están porque yo lo he permitido; en menos de un año estarás pastoreando junto a tu esposo e hijas".

¡Dios! ¿Cómo me hablas de un pastorado en medio de esta noticia que estoy recibiendo?, le preguntaba en mi corazón.

¿Sabes una cosa? Dios nunca se basará en tus fortalezas para llamarte a Él, a Él le encanta glorificarse en nuestras debilidades, para que nosotros reconozcamos que esto no se basa en lo que tenemos, o en lo que somos, ni mucho menos en lo que podamos hacer, esto siempre se ha tratado y se tratará de quién es Dios y de lo que Él puede hacer a través de nosotros.

Luego de muchas oraciones y confirmaciones tan poderosas de parte del Señor, decidimos comenzar a movernos en lo que Dios quería, nos comenzaron a llegar oportunidades, pero Dios no permitía que las aceptáramos.

Ahora la pregunta era la siguiente: ¿Dios, nos llamas a pastorear, llegan oportunidades y nos dices que no?

Como poder entender a Dios en este momento tan difícil, era una locura la que se veía ante nuestros ojos… ¡Imposible!, pero siendo Dios un "hombre de palabra", envió a alguien del estado de "Fall River" a mi casa, a alguien que no nos conocía muy bien y nosotros tampoco le conocíamos, para ayudarnos, aconsejarnos y ungirnos como pastores.

¡Increíble verdad!, sabes una cosa, nosotros como seres humanos, cuando Dios nos da una palabra queremos que nos diga todo claro; como va a suceder, cuando va a suceder, y más… pues está en nuestra naturaleza, cuando Él te da la palabra, no te preocupes de cómo va a pasar, sólo ocúpate de mantenerte en el camino mientras ocurre.

"Dios no necesita que lo ayudemos, sólo que nos mantengamos creyendo en Él".

Todo cuanto el SEÑOR quiere, lo hace, en los cielos y en la tierra, en los mares y en todos los abismos.

(Salmo 135:6 RVI)

Siendo Dios creador de todas las cosas, debemos entender que Él tiene dominio de todas ellas; por tal razón se mueve en el tiempo y se manifiesta en el tiempo que el cree oportuno y hace como quiere; cuando quiere, pues es nuestro creador.

Quiero decirte que, si aún no te has rendido ante la voluntad de Dios, te exhorto a que lo hagas y te rindas completamente a Él, ya que haciéndolo sentirás su paz y entenderás que su deseo es agradable y perfecto para contigo.

En la palabra hay un personaje bíblico que llama mucho mi atención: "Jonás", cuando Dios le dijo: "Quiero que vayas a Nínive, le hables a mi pueblo, y pregones mi voluntad", Jonás conociendo que Dios iba a perdonar al pueblo, decidió huir y tomar una nave en dirección contraria a la que Dios lo había mandado.

¿Cuántas de nosotras en muchas ocasiones hemos tomado la nave en dirección opuesta al propósito de Dios para nuestra vida?

Dios, que conoció todas las cosas; decidió levantar un gran viento y la nave comenzó a moverse con fuerza. A veces se levantan vientos en nuestras vidas, tenemos que tomar un momento y reflexionar ¿Qué hemos hecho que ha causado que esos vientos soplen de la manera en que están soplando?, ¿Somos nosotras las causantes de que la tempestad esté tomando la fuerza que está tomando?

Jonás no quería hacer la voluntad de Dios, él pudo ahorrarse todo ese trabajo y momentos de angustia estando en el estómago de ese "GRAN PEZ".

¡Que irónico! Dios le permitió ese proceso por su desobediencia, pero aun en ese proceso, aunque estaba en el estómago de ese enorme pez, no fue triturado por él.

¡Qué lindo es saber que en medio de nuestros procesos está Dios!, qué lindo poder confiar en Dios.

A Jonás no le quedó ninguna otra opción, más que rendirse y hacer la voluntad de Dios, obedecer lo que Él le había mandado.

"No es tiempo de estar en el estómago del Gran Pez y pasar por situaciones verdaderamente innecesarias, ahorremos esos malos ratos y de una vez hagamos lo que Dios nos ha mandado hacer y aceptemos su voluntad.

"La voluntad de Dios es que vivamos por encima del pecado".

"La voluntad de Dios es que sean santificados; que se aparten de la inmoralidad sexual; que cada uno aprenda a controlar su propio cuerpo de una manera santa y honrosa"

(1 Tesalonicenses 4:3-4 RV 1960).

No es la voluntad de Dios que los creyentes "se sometan nuevamente al yugo de esclavitud"

(Gálatas 5:1 RV 1960).

Si decimos que moramos en Él, también debemos "vivir como Él vivió"

(1 Juan 2:6 RV 1960)

Si lees estos versículos cuidadosamente y los analizas, te darás cuenta de que Dios te ha hecho libre y que por ninguna razón deberías volver al cautiverio; una vez que has sido liberada, es preferible aceptar su voluntad y ahórrarnos muchos dolores de cabeza.

Nosotras en nuestra naturaleza humana, siempre vamos por lo más fácil o lo más cómodo, pues es nuestra humanidad, por eso es que este caminar en Cristo no lo podemos sobrellevar en nuestra carne, porque siempre nuestra carne nos llevará a la perdición; tantas veces que corrí de la presencia de Dios, tanta paciencia y amor que Dios tuvo para conmigo, muchos de los procesos que pasé en mi juventud, no puedo adjudicárselos en su totalidad al enemigo o al hecho de que no tenía a nadie que me diera una mano amiga. Llegó un momento en mi vida, en el que yo no sabía diferenciar lo que en realidad era bueno para mí o lo que me perjudicaba; y aunque era difícil salir de esa vida, sólo necesitaba una simple cosa: "FUERZA DE VOLUNTAD".

En este preciso momento llegan a mí todos esos recuerdos de mi niñez y mi juventud, y realmente, en mi humanidad, en mi carne puedo decir que no sé cómo pasó, ni en qué momento pude salir de esa vida tan dolorosa y miserable.

Pero su Espíritu, ese Espíritu Santo tan precioso que siempre está y no nos abandona, me dice:

"Hija fue mi amor, fue el propósito del Padre que no permitió que cayeras más hondo de lo que estabas, fui yo quien te protegió en las noches y madrugadas mientras caminabas en las calles, fui yo quien te protegió de que alguien te quitara la vida, porque para este tiempo te tenía en mis planes".

Entonces cuando comienzo a verlo desde esa perspectiva que Dios me muestra, no tengo más que dar gracias y glorificar su Santo Nombre.

Mis "Amadas Chicas", Dios es real, vuélvete a Él, entrégale todo lo que tienes para ofrecerle, yo he decidido que los días que me queden aquí en la tierra serán todos para Él, por Él vivimos y por Él somos.

Así como dice el Apóstol Pablo en las Santas Escrituras:

Porque para mí el vivir es Cristo, y el morir
es ganancia.

(Filipenses 1-21 RVI)

Oración

Gracias por tu amor y por la libertad que me has dado por medio del sacrificio en la cruz del calvario, dame fuerzas para hacer tu voluntad y agradarte.

Mi mayor deseo es poder sacar una sonrisa de tus labios y que te sientas orgulloso de haberme escogido a mí.

Enséñame a hacer tu perfecta voluntad una vez me sea revelada, en el Nombre de tu Hijo amado Señor Jesucristo, amen.

CAPÍTULO 09

Sin retrocesos.

*Y se decían unos a otros: Nombremos un
jefe y volvamos a Egipto.*
(Números 14:4 RVI)

Una vez que tomas la decisión de hacer la voluntad de Dios no puede haber retroceso, veas lo que veas y te sientas como te sientas; ¡No puedes retroceder y mucho menos rendirte!

Cuando leemos la palabra y vemos al pueblo de Israel cómo después de haber estado clamando a Dios por un libertador, Dios en su amor y gran misericordia escucha el clamor, levanta a Moisés para que los liberte y una vez libres, comienzan a claudicar en dos pensamientos y pedían volver de regreso a Egipto, ¡Que pereza tan grande!, vemos a estas personas que después de haber alcanzado grandes niveles espirituales y oportunidades favorables en su vida, simplemente cuando llega el proceso o un momento difícil, su aparente mejor decisión es volver atrás y detenerse.

Cuando tú y yo entendemos que detrás del proceso se esconden grandes victorias y hermosos niveles espirituales, en vez de correr, permanezcamos firmes, en vez de detenernos continuemos, aunque sea a pasos muy lentos, pero no rendirnos.

Una de las mayores cosas que deberíamos saber para no tomar la decisión de retroceder, es entender que en la vida siempre vamos a enfrentar retos y desafíos. Y la mejor manera de sobrellevarlos definitivamente nunca será retrocediendo si no haciéndole frente y activando tu fe.

"Tienes que entender que no eres casualidad sino propósito".

Ciertamente debemos saber, que una de las muy viejas tácticas que el enemigo utilizará, siempre será intentar llevarte a tu pasado y hacerte sentir culpable de lo que Dios ya te perdonó o que tú por voluntad propia decidiste superar.

La palabra de Dios es muy clara cuando dice lo siguiente:

"Para que satanás no gane ventaja alguna sobre vosotros; pues no ignoramos su maquinación"

(2 Corintios 2:11 RVI 1960)

Nosotras no podemos ignorar que tenemos un enemigo que está muy pendiente de nosotros, de todo lo que hacemos, de lo que no hacemos y sabiendo quiénes somos en las manos de Dios y lo que podemos llegar a hacer si nos rendimos ante su presencia.

Para poder vencer a tu enemigo primero tienes que aprender a identificarlo, él te conoce muy bien a ti, por eso es muy importante que tú también lo conozcas muy bien y a través de la escritura podemos ver la forma en la que él se desempeña, para evitar el propósito de los grandes profetas y hombres que Dios levantaba.

No estamos en este camino simplemente por estar,

tenemos un llamado y una encomienda muy importante de parte de nuestro amado Señor Jesucristo y el trabajo del enemigo es evitar que usted y yo lleguemos a la recta final.

Como pudiste leer en el capítulo anterior, cuando me tocó pasar por el proceso de lo ocurrido con mi madre, ese momento me parecía que me estaba deteniendo y que de cierto modo estábamos retrocediendo, pero en realidad no era así; lo que en un momento se veía gris, Dios lo estaba utilizando para el plan que Él ya de antemano tenía trazado para mi casa.

Con esto te digo que en algunas ocasiones vendrán situaciones a tu vida que parecerán que te están deteniendo o que estás retrocediendo en el propósito de Dios, muchas veces no es así, es muy importante aprender a distinguir cuando pasamos por retrocesos que nosotras mismas causamos por nuestra falta de confianza, constancia, determinación o procesos que parecen retrocesos, pero que son permitidos por Dios para catapultarnos al siguiente nivel.

*Pero la mujer de Lot, (que iba) tras él, miró
(hacia atrás) y se convirtió en una columna
de sal.*

(Génesis 19:26 RVI)

Llama mucho mi atención esta historia de la mujer de Lot, ya que los ángeles le habían dado unas instrucciones lo suficientemente claras a seguir, suban a lo alto y no miren hacia atrás, ella tal vez por tristeza de desprenderse de su tierra, o el dolor de ver como muchos morían, tomó la decisión de pasar por alto las instrucciones que les fueron dadas y miró hacia atrás. Los que conocemos la historia sabemos que su final fue que se convirtió en una estatua de sal, la curiosidad y la desobediencia la llevó a tener un final muy doloroso.

Es muy triste que Dios nos dé instrucciones concretas y nosotros conociendo la verdad de esa palabra de Dios optamos por mirar hacia atrás o volver al lugar de donde Dios una vez ya te sacó.

Te aconsejo mi Amada Mujer de Fe que si te tienes que hacer la sorda ante todos los que te rodean sólo hazlo, programa tus oídos a la voz de Dios y sigue hacia adelante; veas lo que veas y te sientas como te sientas.

Quiero ser muy sincera contigo, ¿Sabes las veces que yo he querido detenerme?... "Demasiadas". Volver atrás de donde Dios me sacó no, pero detenerme, soltar todo lo que Dios ha puesto en mis manos claro que sí.

Entre más grandes sean las cosas que Dios quiera hacer contigo, más retos, desafíos y ganas de retroceder pasarán por tu mente. Porque más grandes serán las luchas que tendrás que pasar.

Te digo pues, pasarás por todo, pero tienes que continuar, pasarás en lo personal, con tu familia, con tus hijos e inclusive con tu iglesia, muchas veces será ahí donde los ataques estarán más fuertes.

La palabra de Dios dice los siguiente:

24 Les refirió otra parábola, diciendo:
El reino de los cielos es semejante a un
hombre que sembró buena semilla en
su campo; 25 pero mientras dormían los
hombres, vino su enemigo y sembró cizaña
entre el trigo, y se fue. 26 Y cuando salió
la hierba y dio fruto, entonces apareció

también la cizaña. 27 Vinieron entonces
los siervos del padre de familia y le dijeron:
Señor, ¿no sembraste buena semilla en tu
campo? ¿De dónde, pues, tiene cizaña?

28 Él les dijo: Un enemigo ha hecho esto.
Y los siervos le dijeron: ¿Quieres, pues,
que vayamos y la arranquemos? 29 Él les
dijo: No, no sea que, al arrancar la cizaña,
arranquéis también con ella el trigo. 30
Dejad crecer juntamente lo uno y lo otro
hasta la siega; y al tiempo de la siega yo
diré a los segadores: Recoged primero la
cizaña, y atadla en manojos para quemarla;
pero recoged el trigo en mi granero.

(MATEO 13:24-30)

A través de esta escritura claramente podemos
denotar que es necesario que la cizaña esté a nuestro
alrededor, y si quieres crecer dentro de la congregación,
tendrás que aprender a manejar las situaciones de modo
que no afecten lo que Dios quiere hacer contigo.

Cuando buscamos la definición de palabra cizaña
expresa los siguiente:

"Planta de tallo ramoso, hojas estrechas y espigas
anchas y planas cuyos granos contienen un principio
tóxico; crece espontáneamente en los sembrados y es
muy difícil de extirpar".

Es decir, en algunas ocasiones tendrás que estar
rodeado de personas tóxicas, pero tienes que ser lo
suficientemente maduro, para no recibir nada de las
toxinas que puedan tirar para dañarte. Les cuento

que, como oveja recibí mucha opresión en el momento de querer ejecutar un ministerio dentro de la misma congregación; negatividad, resistencia a los proyectos que Dios me daba a ejercer, etc.

Pero, aunque era difícil ejercer, todos los proyectos que Dios me daba con esfuerzo, esmero y dedicación, porque de cierto modo entendía que Dios estaba en el asunto y no me importaba realmente quien estaba y quien no, el apoyo de la que entonces era mi Pastora siempre estaba conmigo.

¿Por qué iba a tomar la decisión de retroceder para estar en una banca sentada sin hacer nada productivo para mi vida y congregación, que en aquel entonces tenía el privilegio de asistir?

Retroceder para darle el gusto al enemigo o a las personas que simplemente se estaban dejando usar para desviarme o hacer que yo retrocediera no era una opción.

Tenemos que entender que muchas de estas cosas Dios las permite para madurarnos, hoy puedo ver los resultados en mi vida de cada proceso que viví como oveja, como amiga, como sierva, todos y cada uno de ellos eran necesarios para ser la Mujer y Pastora que soy hoy.

Mi Reina tú tienes que saber que: "El árbol que lleva frutos; siempre será apedreado" y lo más importante que no debemos de pasar por alto es que muchas de esas piedras serán permitidas por Dios.

La palabra dice lo siguiente:

Pero nosotros no somos de los que
retroceden para perdición, sino de los que

tienen fe para la preservación del alma.

(Hebreos 10:39 RVI)

Este libro de Hebreos se le acredita al Apóstol Pablo y estas palabras que el expresa: "No somos de los que retrocedemos para perdición" de este modo está dejando en claro que en el retroceso hay perdición, hay pérdidas y perdemos ventaja; así que te exhorto a que hagas como el Apóstol Pablo dice en las escrituras:

12 No que lo haya alcanzado ya, ni que ya sea perfecto; sino que prosigo, por ver si logro asir aquello para lo cual fui también asido por Cristo Jesús. 13 Hermanos, yo mismo no pretendo haberlo ya alcanzado; pero una cosa hago: olvidando ciertamente lo que queda atrás, y extendiéndome a lo que está delante, 14 prosigo a la meta, al premio del supremo llamamiento de Dios en Cristo Jesús.

(Filipenses 3:12-14 RVI)

Mis amadas todavía no lo hemos alcanzado, no nos conformemos, podemos alcanzar más y llegar a todas esas cosas lindas que Dios tiene preparadas para nosotras, una vez que las identifiques ve por ello sin temor a nada; ya que Dios está de nuestro lado ¡ACTIVA TU FE!

Oración

Mi amado creador, gracias por todo lo que me has dado, por las puertas que has abierto y por esas que has permitido que continúen cerradas, estoy aquí para pedirte que me des fuerzas para no retroceder y continuar haciendo tu voluntad y mirando hacia adelante, entiendo que en este caminar he tenido muchas altas y bajas pero te agradezco por que en esos cambios tú has estado ahí y no me has abandonado, realmente no sé lo que hubiese sido y lo que fuera de mi sin tu amor y misericordia que me protegen y guían todos los días.

En el nombre de Jesús, amen.

10

Yo y mi casa serviremos a Jehová.

*Y si mal os parece servir a Jehová,
escogeos hoy a quién sirváis; si a los dioses
a quienes sirvieron vuestros padres, cuando
estuvieron al otro lado del río, o a los dioses
de los amorreos en cuya tierra habitáis; pero
yo y mi casa serviremos a Jehová.*

(Josué 24:15 RV 1960)

Yo y mi casa serviremos a Jehová. En el libro de Josué podemos ver la determinación de seguir y hacer la voluntad de Dios en un hombre llamado Josué, las experiencias lo habían fortalecido y al ver la mano de Dios obrar a su favor, su fe en Dios había aumentado.

Por tal razón, todo lo que él había experimentado en Dios lo quería para su familia y así lo declaró diciendo:

"Yo y mi casa serviremos a Jehová"

Cuando un hombre y una mujer de Dios hacen tan grande declaración como la que Josué hizo, tienen que estar preparados o prepararse para construir, y te soy honesta; construir no es fácil, especialmente si eres el único que ha creído en tu casa y has tomado la decisión de que en tu hogar hallan cambios verdaderos.

Hay algunos factores que debes de tomar en cuenta a la hora de comenzar a construir y es que el cambio debería de comenzar en ti primero.

Tu dedicación, esfuerzo y anhelo por Dios, serán tus mejores armas a la hora de construir y podrás salir airosa de esas batallas que tendrás que enfrentar en tu día a día.

La palabra dice lo siguiente:

8 Subid al monte, y traed madera, y reedificad la casa; y pondré en ella mi voluntad, y seré glorificado, ha dicho Jehová.

(Hageo 1:8 RVI)

En este caso, subir a la presencia de Dios siempre será sumamente importante en nuestras vidas, porque sólo en su presencia vamos a poder recibir, para poder dar a los nuestros y edificar casa a Jehová.

Un día limpiando el lavamanos del baño, Dios me habla claramente al oído y me dice: "Quiero que te congregues"

A lo que rápidamente le contesto: ¡Dios mío!, ¿En dónde?, Si estoy en un estado en el que no conozco a nadie, y aquí solo hablan inglés.

Dios no contestó nada en dicho momento, ya que Él tenía todo preparado para mi reconciliación con Él.

Muchas veces la respuesta de Dios no siempre será de inmediato, deberás tener mucha paciencia. Pasaron semanas y Dios me conectó con las personas necesarias para que yo comenzara a asistir a la iglesia.

Sin cuestionar nada, sólo comencé a visitar, luego de varias semanas asistiendo, tomé la decisión de servirle a Dios y entregarme por completo.

Después de fuertes procesos vividos en mi casa, los cuales fueron muy difíciles, ya que lo que había en mi hogar era un desorden por costumbre; y salir de nuestros hábitos o comodidades rutinarias para nuestro cuerpo, mente y carne eran difíciles de asimilar.

Tuve que tomar la decisión de rendirme completamente a la voluntad de Dios y comenzar a despojarme de un sin número de cosas, llenándome de Dios para que en mi casa comenzaran a verse cambios y mi hogar fuera salvo.

Sólo yo asistía con mis niñas, porque en aquel entonces era sólo el "padre de mis niñas", el ahora mi esposo, no quería acompañarnos para nada a la iglesia.

Mientras pasaban los días y los meses, Dios hablaba a mi vida, "que a través de su palabra y mediante experiencias personales, Él restauraría mi casa, y que mi hogar era un hogar sacerdotal".

Pero mis ojos veían a un hombre "rebelde y sin deseos de cambio en sus rutinas del día a día, que para nada incluían a su familia", "la marihuana le tenía una venda en sus ojos".

Pero yo me apegaba más a Dios, lo invitaba a la iglesia y me decía que no quería asistir, que si quería dejara a mis niñas, y yo, aunque era difícil (ya que eran muy pequeñas) me iba con mis niñas "sola" a la iglesia, para esto requería mucha constancia y determinación.

Cuando buscamos la palabra constancia y su significado dice lo siguiente: "Voluntad inquebrantable y continua a la determinación de hacer una cosa o el modo de alcanzarla".

"Por consiguiente, nada ni nadie puede quebrantar en tu vida lo que tú, en dicho momento decidiste hacer".

Ahora bien, la palabra determinación dice lo siguiente: "Cosa que alguien determina hacer o que se haga".

Es un trabajo fielmente en lo que realmente importa, esto con el fin de hacer del futuro una realidad, la determinación es vivir la vida como si fuera un maratón o una carrera de velocidad. Como toda carrera cuando llega a su final y obtiene su premio, así tú lo recibirás si te mantienes corriendo esta carrera con perseverancia; en muchas ocasiones yo pude dejarle las niñas a mi esposo e irme a la iglesia, pero dentro del cambio que anhelaba en mi hogar también estaba la necesidad de enseñarle a mis hijas lo que era asistir a la iglesia, ya que no lo tuve.

Muchas veces llegaba de la iglesia, después de haber estado en unos hermosos cultos, pero justo cuando llegaba a la casa, tenía que armarme de sabiduría y mucha paciencia para poder dar con testimonio lo que estaba recibiendo en la casa de Dios, aunque muchas veces lo que quería hacer era "!Confrontar a mi esposo!", con sinceridad se los digo mis amadas Mujeres de Reino, pero el hermoso Espíritu Santo me decía "Calla y sírvele a la mesa a tu Esposo", en algunas ocasiones le obedecía y en otras simplemente explotaba... pero mientras más me iba acercando a Dios, y conforme iba ganando experiencia, me fui dando cuenta que esa no era la mejor manera de ganarme a mi esposo, el cual en aquel entonces, sólo era mi compañero.

Muchas veces en el proceso de edificar nos desesperamos, porque lo que estamos viendo es "muy contrario" a lo que Dios ha hablado y nos preguntamos a nosotras mismas ¿Qué ha pasado con la promesa?, ¿Será que Dios se ha olvidado?

Muchas veces me hice esa pregunta, porque realmente lo que estaba viendo no era nada de lo que Dios me había dicho que iba hacer en mi casa, y mientras más me acercaba a Dios, más se intensificaban las guerras y la resistencia de mi esposo para ir a la iglesia.

Llegó un momento, en el cual deseaba trabajar en la obra de Dios, indudablemente Él fue despertando ese deseo en mí, pero era realmente imposible, ya que no estábamos casados.

Un día me le acerco y le digo:

"David deseo trabajar en la casa de Dios, deseo ser parte de los ministerios".

Su respuesta fue la siguiente: Sí, que bueno…

Me quedo en silencio por unos minutos y le digo: "Pero no puedo".

Y el responde: ¿Por qué?

Le contesto: "Porque no soy casada…"

Se sonríe y me dice: "Pues entonces nunca tomarás parte, porque yo no me pienso casar".

Imagina por un momento ponerte en mis zapatos, estar ahí parada frente a esta respuesta, de inmediato comencé a llorar y fui a la presencia de Dios.

"Van a llegar momentos en los que sólo tendrás que correr a la presencia de Dios y aunque no tengas palabras, ríndete a Él porque Él conoce tu corazón y tus pensamientos".

11 ¿Por qué voy a inquietarme? ¿Por qué me voy a angustiar? En Dios pondré mi esperanza, y todavía lo alabaré. ¡Él es mi Salvador y mi Dios!

(Salmos 42:11 NVI)

En nuestra humanidad nos inquietamos, pero cuando vamos a Su presencia y vemos todas las promesas que Dios tiene para nosotras, recibimos esa paz y descanso.

Puedo decir que ante la respuesta de mi esposo

pude recibir descanso, continué asistiendo a la iglesia, poniendo mis alabanzas en mi casa y adorando a Dios, él comenzó a visitar la iglesia algunos domingos, lo cual me hacía sentir que estaba más cerca la promesa de que en algún momento mi esposo daría ese paso de fe que tanto anhelaba, pero él continuaba haciendo lo mismo, fumando cigarrillos y cannabis, ante mis ojos no había cambio alguno, pero yo sólo veía el exterior y no veía su corazón, siendo que ahí en su corazón Dios ya estaba tratando con él.

La palabra no se equivoca para nada cuando dice lo siguiente:

"Es, pues, la fe la certeza de lo que se espera, la convicción de lo que no se ve"

(Hebreos 11:1 RVI)

La "Fe activa" en el hombre y en la mujer de Dios es un arma fulminante a las acechanzas del enemigo, mis ojos carnales veían a un hombre muy lejos de Dios y de la salvación, pero los espirituales veían a un hombre de propósito y ministerio.

"Mis amadas "Mujeres de Fe", nunca te dejes llevar por lo que tus ojos ven, fluye bajo la promesa y la palabra que Dios te dio sobre tu casa y familia".

Tienes que entender una cosa muy importante, cuando decides caminar y construir, tienes que estar fuerte y conocer a Dios muy íntimamente, acercarte a Él y comenzar a experimentar sus grandezas, de tal modo que cuando los ataques lleguen, no te muevan, ni mucho menos te desenfoquen de lo que de cierto modo estás destinada a realizar.

Cuando mi esposo comenzó a visitar la iglesia,

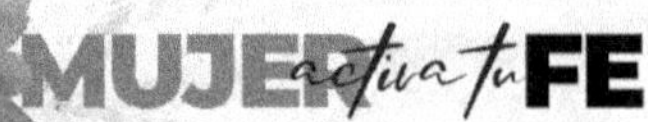

siempre que salíamos de ahí él ya tenía un argumento, quejándose del Pastor, de los hermanos, de lo que se hacía en la iglesia y de lo que no se hacía, pero en ningún momento le di autoridad a él ni mucho menos a lo que estaba operando en él, o que me desenfocara a tal grado, de que no viera ni a mis pastores, ni a mis hermanos como hijos de Dios, y parte del propósito de lo que Dios quería hacer en nuestras vidas, en mis batallas personales y todas las luchas que pudiera tener dentro de la congregación, las peleaba de rodillas y sin hacer ningún comentario a mi esposo, pues claramente entendía que si lo hacía, iba a darle autoridad al enemigo para que tomara ventaja y dañar su corazón, y sobre todo retrasar el plan de Dios sobre nuestras vidas.

Si tú eres una dama que estás buscando de Dios y tu esposo e hijos no le sirven, nunca exhibas detalles íntimos o delicados del lugar donde Dios te ha puesto para que te alimentes espiritualmente, procura no hacer malos comentarios de tus Pastores, ni de tus hermanos en la fe por muy duro que sea el proceso que estés atravesando, porque sin darte cuenta los dañarás y retrasarás la promesa de Dios para tu familia, y estoy segura que en los planes de Dios no está que eso suceda.

Dentro de los cambios que Dios estaba haciendo en mi vida, era el dejar de vivir una vida de mentira, pues estaba viviendo del gobierno y decía que no sabía dónde estaba el padre de mis hijas, tenía un apartamento de bajos recursos y solo aparecíamos mis hijas y yo en los papeles, Dios habló a mi vida diciendo: "Necesitas poner todo eso en orden mi hija", respiré profundo y dije: "Bueno Dios, ¿Cómo le digo a un hombre que realmente no te conoce? ¡Necesito tu ayuda en esto Dios porque sé que va a ser muy difícil!

¡Mis amadas "Mujeres de Reino", cuando Dios llega a nuestra vida, lo hace para poner nuestra vida en orden!

Es muy duro despojarnos de una vida de pecados y de deseos carnales, la palabra de Dios dice lo siguiente:

22 En cuanto, a la pasada manera de vivir, despojaos del viejo hombre, que está viciado conforme a los deseos engañosos, 23 y renovaos en el espíritu de vuestra mente, 24 y vestíos del nuevo hombre, creado según Dios en la justicia y santidad de la verdad.

(Efesios 4:22-24 RVI)

En el preciso momento que Dios comienza a demandar ciertos cambios en nosotros, debemos inmediatamente obedecer, si realmente queremos un cambio genuino y que sea Dios tomando control en nuestras vidas, ya que Él siempre que nos pide que soltemos algo, es porque quiere darnos algo mucho mejor.

No les niego que cuando Dios habló de poner todas esas cosas en orden, sobre mi cayó un poco de ansiedad, pero dentro de todo, tomé la decisión de hablar con mi esposo, cuando le hago el comentario de ponerlo en los papeles del apartamento, me dice: "Voy a orar".

De inmediato yo pensé: ¡Santo Dios!... Rápidamente en mi humanidad dije: "Dios, él dice que va a orar, pero él no ora, ni siquiera asiste a la iglesia con frecuencia"

Mis amadas "Mujeres de Reino", Dios no ve como nosotras y nosotras no vemos como Dios, decidí esperar con paciencia a ver cuál iba a ser su respuesta, pero continúe orando.

Pasado el tiempo tomamos la decisión juntos de poner

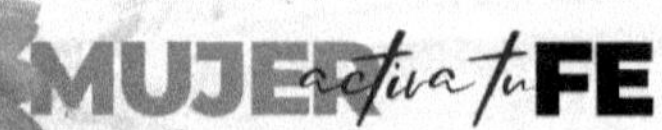

todo en orden, fuimos a la oficina, y la mujer encargada le pide unos documentos a mi esposo, pero uno de los documentos que le pidió podía tardar semanas o meses en adquirirlo, ella lo mira y le dice: No quiero que estés en el apartamento hasta que traigas todos los documentos, y si te encuentro en el apartamento te boto a ti y a ella, mi esposo y yo nos miramos a los ojos y en ese momento creo que pensamos lo mismo al salir de esa oficina, él me reclama y me dice:

"Ve, por querer hacer las cosas bien, mira lo que pasó"

De cierto modo en mi interior pensé lo mismo y le contesté:

"Dios va a hacer algo, ¡Confiemos!".

Mis amadas "Mujeres de Fe", a las dos semanas, ¡Llegan los papeles de la casa, con el nombre de mi esposo en ellos!, y además nos dieron un año sin tener que pagar renta, mi esposo no llegó a llevar toda la documentación.

¡Dios lo hizo! y a través de eso Dios fue poniendo fe en mi esposo y aumentando la mía.

Sin embargo, tuvimos que tomar la decisión de activar nuestra fe y hacer lo que Dios nos estaba pidiendo en ese momento, aunque fue duro, obedecimos y Dios se glorificó de una manera extraordinaria, fue más allá, eso es lo que hace Dios, sobrepasa nuestras expectativas.

La palabra es muy clara diciendo lo siguiente:

1 En consecuencia, ya que hemos sido justificados mediante la fe, tenemos[a] paz con Dios por medio de nuestro Señor

Jesucristo. 2 También por medio de él,
y mediante la fe, tenemos acceso a esta
gracia en la cual nos mantenemos firmes.
Así que nos regocijamos en la esperanza
de alcanzar la gloria de Dios. 3 y no sólo en
esto, sino también en nuestros sufrimientos,
porque sabemos que el sufrimiento produce
perseverancia;
4 la perseverancia, entereza de carácter; la
entereza de carácter, esperanza. 5 Y esta
esperanza no nos defrauda, porque Dios ha
derramado su amor en nuestro corazón por
el Espíritu Santo que nos ha dado.

(Romanos 5:1-5 NVI)

En la escasez confía, en la tristeza confía, en todo tiempo confía, escucha la voz de Jehová y obedécelo; es muy importante conocer la voz de Dios, ya que conociéndola podrás identificarla y será mucho más sencillo hacer su voluntad e irnos a la segura en cada cosa que hagamos.

Poco a poco Dios fue trabajando con mi esposo, hasta que llegó a los caminos de Dios, nos casamos en una boda muy sencilla, en la cual, nuestras dos primeras hijas portaron los anillos de nuestro matrimonio, mientras a la más pequeña la llevaba en mi vientre, ustedes podrán imaginarse tan sólo por un momento, si yo, en base a lo que estaba viendo en él, me hubiera rendido y hubiera tomado la decisión de abandonar los caminos de Dios, hoy tal vez la historia hubiera sido muy diferente, por eso, es muy importante la perseverancia, la constancia y no mirar con nuestros ojos naturales.

"Sé que es difícil pero no imposible".

Mi familia y yo comenzamos a buscar juntos a Dios, le

dedicamos nuestra casa a Dios, y mi esposo comenzó a trabajar junto a mí en la iglesia, servimos en todo lo que nos requerían, cuando mi esposo se bautizó y testifico por primera vez, no se imaginan como me sentí en ese momento, al escucharlo decir lo que sentía cuando ponía las alabanzas en la casa, lo que sentía cuando me iba a la iglesia con mis hijas y él se quedaba en casa.

¡Wow! Dios estaba trabajando en lo interno de él, que no se reflejaba para nada en lo exterior, y ese es un gran problema, que nosotras muchas veces nos desesperamos y queremos ver rápido cambios y lo que Dios habló, pero tenemos que entender que Dios no trabaja como nosotras queremos, ni mucho menos en el momento que nosotras queremos, ni como queremos, Él tiene su forma de trabajar y el momento oportuno para manifestarse, ya que Él no llega a tiempo, nuestro Dios es el tiempo y se manifiesta cuando Él lo cree conveniente.

ORACIÓN POR LAS FAMILIAS

Dios bueno, Dios eterno, oramos a ti por las familias, entendiendo que la primera institución que tu formaste fue la familiar y es la que más ataca el enemigo.

Te pedimos Dios, que toda malicia de destrucción en los hogares quede paralizada e inoperante por el poder de tu palabra, toda falta de entendimiento entre esposo y esposa queda disuelta, traes comunicación y entendimiento entre los esposos, que cada día la llama del amor aumente entre ambos y que puedan entender que tú debes de ser el centro, ordena todo para que todo funcione a cabalidad, que los hogares amado Dios nuestro, sean fundados en ti que eres la roca inconmovible, y que las asechanzas del enemigo no puedan prevalecer contra los hogares.

Oramos Dios por los hijos que se han apartado de tu camino y han quitado su mirada de ti y han escogido el camino oscuro, y hacer, así como dice tu palabra:

*"Instruye al niño en el camino correcto, y
aun en su vejez no lo abandonará".*

(Proverbios 22:6 NVI)

11

Aceptando el llamado de Dios.

16 No me elegisteis vosotros a mí, sino que yo os elegí a vosotros, y os he puesto para que vayáis y llevéis fruto, y vuestro fruto permanezca; para que todo lo que pidiereis al Padre en mi nombre, él os lo dé.

(JUAN 15:16 NVI)

Qué bonito es saber y entender de manera práctica que Dios nos ha escogido y tiene grandes planes para nosotros.

Ciertamente cuando venimos a Jesús es como si fuera un mundo desconocido pero que, aunque no lo conoces te atrae y tomas la decisión de arriesgarte y experimentar, tal vez por qué has escuchado como hablan de Dios, tal vez los cambios que has visto en otras personas o las experiencias que has tenido personalmente con Dios son las que te han llevado a tomar la decisión de seguirle.

Sabes que Dios quiere hacer algo contigo y es bendecirte, darte eso que de cierto modo estas buscando y que te ha llevado a tomar esa decisión. Por qué de cierto modo entiendes que él te lo puede dar.

Pero qué tal si además de eso pudiéramos entender que Dios ha visto un gran potencial en nosotros que aun nosotros mismos desconocemos, que tenemos o que somos capaces de ciertas cosas y de llevar acabo ciertos proyectos que ante nuestros ojos son imposibles, entonces ahí es donde Dios comienza a enamorarte y tú te enamoras tanto que ya te rindes y le dices como la palabra expresa:

Me enamore de Dios a tal grado que tomé la decisión de vivir para Él y anhelé en mi corazón que mi descendencia. Es decir, que mis tres hijas, también pudieran experimentar y conocer quién es Dios, y por tal razón me encargué, me he encargado y siempre me encargaré de que siempre tengan a Dios presente en sus vidas, porque sé que el día que no esté más en la tierra, Dios seguirá estando con ellas.

"No hay mejor satisfacción que instruir a nuestros hijos en los caminos de Dios y ver como comienzan a tener sus propias experiencias con el Señor".

Dicho esto, como ya le he expresado en los capítulos anteriores, tomó tiempo que mi esposo llegara al Señor, pero una vez que llegó, juntos comenzamos a adorar a Dios como una familia.

Nuestras hijas comenzaron a ser instruidas a muy temprana edad y mientras iban creciendo, siempre fuimos claros con ellas referente al evangelio, les hablamos de los retos y desafíos que en este caminar siempre van a tener que enfrentar con valentía y el hecho de que vinieran dificultades a sus vidas, no quería decir que Dios no estaba en los asuntos. Ellas han sido un claro ejemplo del llamado de Dios sobre nosotros y han sido un motor muy importante en nuestras vidas, luego de varios años sirviéndole a Dios, Él comenzó a hablarnos de un llamado pastoral, nosotros no lo asimilábamos y continuábamos dando lo mejor de nosotros en todo, desde limpiar la iglesia, hasta los liderazgos que Dios nos permitió desarrollar, partiendo de esto quiero decirte que cualquiera que sea el lugar que estés en la iglesia des lo mejor de ti, ya que no es para los hombres, será para Dios y de Él vendrá la recompensa en el momento más oportuno y que menos tú te imagines.

Nosotros no nos creíamos capaces en dicho momento cuando Dios nos hablaba de "Ministerio Pastoral" e inclusive, en muchas ocasiones lo cancelábamos porque no nos veíamos en dicha posición, pero que bueno que cuando tu dices no, Dios dice si y cuando dices si, Dios dice no, cuando llegó el momento de aceptar ese gran reto luego de varios años Dios haber estado tratando con nosotros de diversas formas, lo primero que hicimos fue hablar con nuestras tres hijas para ver que pensaban al respecto, luego de una conversación bastante intensa llegamos a la conclusión de que juntos como familia, en una sola página estábamos dispuestos a aceptar el reto.

Cuando llega el tiempo de Dios a tu vida, Él cambia de una manera radical tu corazón, de ver las cosas que cuando de tus labios salía un "NO", Dios de inmediato te pone un "SÍ", donde cancelabas en tu vida el plan de Dios, Él te pone una palabra como lo recibí yo.

No hay nada más bonito que rendirnos a la voluntad de Dios, es como una paz y seguridad que llega a tu vida que te hace sentir que has tomado la decisión correcta, por eso hoy te digo:

"No te apures por saber específicamente que Dios quiere hacer contigo, que cuando el momento llegue Él te lo hará saber sin duda alguna"

Ya cuando sepas lo que Dios quiere contigo y tengas la seguridad, no te preocupes por las limitaciones que ante tus ojos puedas tener, ante tal desafío que Dios te presente para llevarte al propósito, porque realmente esto no se trata de tus fuerzas o habilidades se trata de Dios.

Que mejor que trabajar para la mejor empresa, "La de los Cielos", es esa que no te contrata por tus diplomas o tu gran experiencia, y te paga por tu conocimiento, sino que la empresa de Dios al no tener nada, te lo da todo.

Ahora entiendo claramente esta palabra tan poderosa, que el gran Apóstol Pablo recita en las escrituras donde dice lo siguiente:

> *8 Es más, todo lo considero pérdida por razón del incomparable valor de conocer a Cristo Jesús, mi Señor. Por él lo he perdido todo, y lo tengo por estiércol, a fin de ganar a Cristo*
>
> (Filipenses 3:8 RVI)

Verdaderamente el Apóstol Pablo sabía que entregarlo todo por Cristo era necesario, y en eso no había pérdida como tal, si no ganancias.

Mi familia y yo después de un sin número de confirmaciones y de procesos, tomamos la decisión de aceptar el reto y hacer lo que Dios nos estaba llamando a hacer, no fue nada fácil, porque todo lo que se veía en el exterior era imposibilidades y negatividad.

Acepta el reto hoy, te dice el Señor, activa tu fe a tal grado que te conviertas en indetenible porque Dios está de tu lado. Si vas conforme a su voluntad, no te sorprendas si se alejan de ti personas que jamás pensaste o si familiares no te apoyan como debieran de apoyarte, es que Dios quiere mostrar su soberanía sobre ti y para eso muchas personas se alejarán y cuando lo hagan no cuestiones a Dios, Él sabe lo que está haciendo, para nosotros fue muy duro y hasta este momento sigue siendo muy duro, pero una cosa sabemos, que el Dios

MUJER *activa tu* FE

que comenzó la obra en nosotros la perfeccionará hasta su venida.

Es muy importante que entiendas que no siempre todos verán las cosas como tú y mucho menos te entenderán.

Cuando tomamos la decisión de pastorear y aceptar esa voluntad tan bella de Dios sobre nuestras vidas tomamos el reto junto con mis hijas y decidimos arriesgarnos.

A lo cual no nos arrepentimos para nada, Dios es soberano y en su soberanía Él hace lo que quiere, jamás por mi mente en ningún momento pasó el ser pastora, pero por la de Dios si, jamás en mi mente tan pequeña vi la capacidad de escribir un libro, pero Dios ya lo tenía todo controlado, quizás por tu mente no te vez haciendo cosas que anhelas, porque te crees incapaz.

"Hoy Dios te dice eres capaz, guerras, batallas y dificultades enfrentarás, pero verás a tu Dios en todo obrar a tu favor".

Dedica tu tiempo en conocer a Dios y descubrir las maravillas que hay en Él, conócelo a través de la palabra, en ella Él te habla, mira el cielo, siente la brisa, ahí está Él, mira a tus hijos, a tu familia ahí está Él , mira las veces que has dicho se acabó, me rindo y aún estas de pie, ahí está Él, respira su presencia y deléitate en ella , no pierdas tu tiempo en cosas vanas que no edifican y quieren oprimirte.

"Levántate, recupera las fuerzas, mira el futuro, porque el pasado nada tiene que ofrecerte".

Escribe una historia nueva y permite que Dios sea tu director. Ámate, valórate, respétate, ponte en el lugar que Dios tiene diseñado para ti y descubre que eres parte de su plan perfecto. Identifica a tu enemigo, ese que quiere impedirte que veas la Gloria de Dios en tu vida y contrarresta sus ataques con tu adoración y mayor disponibilidad de rendirte a tu gran creador con todo lo que tienes, con todo lo que eres y con todo lo que Él te ha dado.

Oración

Hoy Señor oro a ti entendiendo y reconociendo tu amor y misericordia para conmigo, gracias porque, aunque muchas veces he dudado de mí misma, tú nunca has dudado, gracias por tus cuidados y comprensión.

Necesito las fuerzas para aceptar el reto y caminar sobre el propósito por el cual me has llamado, dame sabiduría para entender lo que sí y lo que no, y fuerzas para cerrar ciclos en mi vida que lo que han hecho es lastimarme y atrasarme.

Hoy miro al cielo y levanto mis manos en señal de gratitud en tu nombre, ¡Amen!

MUJER *activa tu* FE